Sabine Kiesewein | Carl Lang

111 Orte auf Fuerteventura, die man gesehen haben muss

111

emons:

Bibliografische Information der Deutschen Nationalbibliothek
Die Deutsche Nationalbibliothek verzeichnet diese Publikation in der Deutschen Nationalbibliografie; detaillierte bibliografische Daten sind im Internet über http://dnb.d-nb.de abrufbar.

MIX
Papier | Fördert gute Waldnutzung
FSC® C083411
www.fsc.org

Gestaltung: Eva Kraskes, nach einem
Konzept von Lübbeke | Naumann | Thoben
Kartografie: altancicek.design, www.altancicek.de
Kartenbasisinformationen aus Openstreetmap,

Druck und Bindung: CPI – Clausen & Bosse, Leck
Printed in Germany 2023
ISBN 978-3-7408-1973-6

Vorwort

Fuerteventura mit anderen Augen sehen

Weißer Sand, türkisblaues Wasser, endlose Strände und immer schönes Wetter – dieses Bild haben viele der rund zwei Millionen Menschen vor Augen, die Fuerteventura jedes Jahr besuchen. Die Kanareninsel ist nach wie vor eines der beliebtesten Ziele europäischer Urlauber, und doch bietet sie viel mehr als Strand und Sonne!

In dieser Neuauflage geht es um wiederentdeckte Spuren längst vergangener Kulturen und Drehorte für Hollywood-Blockbuster, um ausgetrocknete Stauseen und immergrüne Tierparadiese, um versandete Friedhöfe, gesellige Orte zur Leichenübergabe und mumifizierte Ureinwohner, die legendenumrankte Villa eines reichen Ingenieurs und das Haus eines mittellosen Armenarztes am Ende der bewohnten Inselwelt. Ein wehrhaftes Fischerdörfchen, eine futuristische, nie eröffnete Badelandschaft, spektakuläre Felsformationen und atemberaubende Küstenlandschaften sowie verschwiegene Buchten warten auf Sie. Kunst, nicht nur an Hauswänden, sondern auch mitten im Lavafeld, und viele traditionelle Eigenarten dieser Insel gibt es zu erkunden.

Alle genannten Orte hat Sabine Kiesewein erwandert, manche davon selbst entdeckt, andere durch die Erzählungen einheimischer Inselkenner oder mit Hilfe alter Texte und Karten gefunden. Mit sichtlichem Genuss zeigt sie Ihnen die erstaunliche, aufregende, gelegentlich schräge und manchmal sehr geheimnisvolle Seite Fuerteventuras fernab der üblichen Touristenpfade.

Auch wenn Sie bisher dachten, Sie kennen die älteste der Kanarischen Inseln – dieser 111-Orte-Band wird Sie voller Vergnügen eines Besseren belehren! Ein ausgefallenes Porträt einer Insel im Wandel, denn Sie werden sicherlich das ein oder andere Mal überrascht sein von einer unerwarteten Veränderung.

Heike Bludau Germeshausen, Fuerteventura im Juni 2023

111 Orte

1 Der Barranco

Ein ausgetrocknetes Flussbett und seine Flora

Was im Wald von Betancuria nicht funktionierte, hat an diesem Ort, ungewollt wahrscheinlich, ein Prachtexemplar von einer Pinie hervorgebracht. Und das ist kein Wunder, denn genau an dieser Stelle ist es geschützt und feucht. So beschloss die inzwischen wohl 40 Jahre alte Kanarenkiefer, genau an diesem Ort ihren Wohnsitz zu beanspruchen. Wie man aus Teneriffa weiß, können Pinien an die 60 Meter hoch wachsen.

Eine lustige Begebenheit: Weil genau an dieser Stelle ein Tiefbrunnen existiert und mit Hilfe einer Wasser-Windmühle das Wasser aus der Tiefe geholt wird, hat der Eigentümer vorsichtshalber das Stahlgerüst der Molino Chicago etwas höher gebaut. Ein paar Jahre kann die Mühle wohl noch frei drehen.

Die Pinie ist ein Überbleibsel aus dem letzten Wiederaufforstungsprojekt. Vielleicht hat ein Arbeiter sich einige Exemplare mit nach Hause genommen. Vermutlich hat dieses wunderschöne Exemplar an dieser Stelle optimale Bedingungen gefunden. Sie wird noch ein paar gute Jahre haben, es sei denn, sie gefährdet die Installationen in der Nachbarschaft und man sägt sie einfach ab.

Geht man dieses trockene Flussbett etwas weiter hinauf, sieht man rechter Hand einige Mandelbäume, die im März zartrosa blühen und dann bis in den August hinein ihre Früchte entwickeln. Auch für diese Bäumchen ein idealer Standort mit viel Windschutz und Wasser in der Tiefe. Die Kultivierung dieses Nutzbaumes stellte einen nicht zu unterschätzenden Wirtschaftsfaktor dar. Ist doch eine nicht wegzudenkende Süßspeise der Kanarier zu Weihnachten der Turrón. Dies ist eine extrem süße Mischung aus Zucker und gemahlenen Mandeln und diversen anderen Zutaten, die zu Tafeln gepresst wird. Genau passend zum Jahresende waren die Mandeln reif. Leider ist auch diese Einnahmequelle von der Zeit überrollt worden. Zu preiswert können die großen Plantagen und Fabriken auf dem Festland Mandeln produzieren.

Adresse Barranco de Agua de Bueyes, 35638 Agua de Bueyes | **Anfahrt** Von der FV 20 im Ort abfahren und der Ausschilderung VIDALOE folgen. Unten im Flussbett ein Stück weiterfahren oder zu Fuß bis zum Beginn des Wanderweges gehen. | **Tipp** Zwei alte Gebäude im Barranco sind beachtenswert. Sie stammen aus der Blütezeit der Produktion der Cochinilla-Laus.

2 Die Heimat der Cochinilla-Laus

Ein Schädling machte Karriere als Nutztier

Im Barranco von Agua de Bueyes lässt sich am besten beobachten, mit welchem Eifer sich die Menschen der Aufzucht dieses Insekts widmeten. Dort, wo der Wanderweg in die Berge beginnt, führt links ein schmaler, rumpliger Weg in alte, verlassene Gärten mit zahlreichen Feigenkakteen. Einige Exemplare sind übersät mit kleinen weißen, flockigen Häufchen. Das sind die Weibchen der Cochinilla-Laus. Und die tragen den kostbaren Farbstoff namens Karmin in sich.

Zu Beginn des 19. Jahrhunderts aus Mexiko importiert, fühlte sich die Laus dank des warmen, trockenen Klimas auf Fuerteventura sofort wohl. Nachdem die Bedenken der Bevölkerung, sich einen Schädling eingeschleppt zu haben, beseitigt waren, startete die Laus durch und bescherte ihren Besitzern einen sehr begehrten Farbstoff, der damals für die Färbung von Lippenstiften, Lebensmitteln und nicht zuletzt des berühmten Camparis unerlässlich war. Versetzt mit Zitronensaft, ergab er ein leuchtendes Rot, mit alkalischem Natron zeigten sich violette Töne. Kurzum, es war ein gutes, wenn auch mühsam erarbeitetes Zubrot für die ländliche Bevölkerung der armen Insel. Die Läuse wurden von den Kakteenblättern in eine Schüssel abgefegt, die Ausbeute getrocknet und zu Pulver vermahlen.

Wir ahnen es schon: Mit der chemischen Produktion künstlicher Farbstoffe fiel auch die Nachfrage nach diesem natürlichen Rohstoff auf null. An der Renaissance der Bioprodukte hat die Karmin-Produktion Fuerteventuras keinen Anteil.

Natürlich ist die Cochinilla geblieben, weil es ihr hier gefällt, und damit bereitet sie dann vielen Gartenbesitzern auf der Insel einigen Verdruss. Denn: Die Männchen sind zwar die Minderheit, aber sie besitzen Haare, die sie in die Lage versetzen, durch Wind fortgetragen zu werden, um bis zu 200 andere Weibchen zu befruchten. Das nennt man wohl Effizienz.

Adresse Barranco de Agua de Bueyes, 35638 Agua de Bueyes | Anfahrt Abfahrt von der FV 20, immer Richtung der Schilder VIDALOE fahren, im Barranco bleiben und ungefähr einen Kilometer bis zum Ende fahren oder spazieren | Tipp Hier beginnt einer der schönsten alten Wanderwege über die Bergrücken bis nach Vega de Rio Palmas. Er ist gut ausgebaut und beschildert.

3 Die Manufaktur

Spannendes aus Aloe vera und Grünalgen

Wer das Gelände der Fabrik betritt, wird von Bienen und Schmetterlingen empfangen. Denn hier blühen ganzjährig rund um das alte, frisch renovierte Landhaus Lavendel, Rosmarin und all die feinen Zutaten zu den Kosmetik- und Lifestyle-Produkten der Firma VIDALOE. Samtgrün schimmern die umliegenden Felder mit Aloepflanzen. Zur Blütezeit hängen die gelben Rispen voller Vögel und Insekten, die sich an dem Nektar gütlich tun. Alles in allem: Sie betreten ein kleines Paradies. Auch das Interieur samt Mitarbeiter enttäuscht nicht. Man ist kanarisch lässig, freundlich und sehr offen.

Die eigentliche Hauptdarstellerin, die *Aloe vera barbadensis*, wird hier in der kleinen Manufaktur mit modernsten Maschinen entsaftet und auf die Weiterverarbeitung direkt vor Ort vorbereitet. Am Ende stehen Bio-zertifizierte Produkte wie Seifen, Körperlotionen, Rasiergels, Cremes oder Deos. Man verzichtet auf alle Stoffe, die die Kosmetikindustrie in letzter Zeit in Verruf gebracht haben. Auch bei Verpackungen wird so weit möglich auf Plastik verzichtet.

Vor einiger Zeit kam die Grünalge Spirulina ins Spiel. Diese Meeresalge wird hier in einem Spezialbecken unter streng kontrollierten, hygienischen Bedingungen produziert. Der erste Spirulina-Anbau auf den Kanarischen Inseln mit Bio-Zertifikat übrigens. Getrocknet und als Granulat oder in Tablettenform eingenommen, soll es bekanntlich Schwermetalle aus dem Körper schwemmen und auch sonst ein Tausendsassa sein. Natürlich wird es in einigen Seifen und Cremes verwendet. Das allerneueste Produkt ist die erste Fuerteventura-Schokolade mit Zutaten aus eigenem Anbau: Spirulina und Aloe sind enthalten, nur die Bio-zertifizierten Kakaobohnen kommen aus Ecuador.

Kein Stress, keine Reisebusse… alles ist hier irgendwie anders. Bei Führungen durch den Naturgarten werden die vielen Pflanzen, und die Zutaten, die sie liefern, geduldig erklärt.

Adresse Agua de Bueyes No.30, 35638 Antigua | Anfahrt von der FV 20 in Agua de Bueyes hinunter in den Ort fahren und den Hinweisschildern folgen | Öffnungszeiten täglich 10–17 Uhr, außer So | Tipp Unten im Tal kann man noch die alten Windräder zur Grundwasserförderung in Aktion bestaunen.

4 Der Brennofen

Wie die Klippe zu einem Kalkbrennofen wurde

Während das Gros der Touristen in die Piratenhöhlen pilgert, bestaunen wir die Hinterlassenschaften eines kleinen Wirtschaftswunders. Denn über Jahrhunderte war Fuerteventura der Kalklieferant für die moderne Welt. Die Insel, dem Meer entstiegen und deshalb reich an Kalkböden, lieferte bereits um das Jahr 1600 erste Schiffsladungen des begehrten Baustoffes nach Übersee.

An diesem Ort wird das ganze Ausmaß dieses einträglichen Geschäftes deutlich, welches während des 17. und 18. Jahrhunderts seine Blütezeit hatte. Hier, direkt unterhalb des Weges, über den täglich Hunderte Touristen entlang zu den schwarzen Höhlen wandern, bauten sie ehedem einen Kalkbrennofen direkt in den Felsen hinein. Von oberhalb der Klippe wurde er mit Kalkplatten befüllt und der gebrannte Kalk direkt in Säcke gefüllt und auf ein Schiff verladen. Die Schiffe mussten an dem schmalen Durchlass zwischen Küste und der vorgelagerten Felsnase oft bei tosendem Meer festmachen und beladen werden. Den besten Blick in den Ofen und auf die Anlegestelle erhalten Sie, wenn Sie den Weg zu den Höhlen direkt gegenüber der versteinerten Welle abwärts verlassen.

Auf der Ebene oberhalb der Steilküste erstreckt sich über mehrere hundert Quadratkilometer Ödnis. Das sah sicherlich nicht immer so aus. Dem Gelände wurde arg zugesetzt. Denn zunächst mussten die Kalkplatten mit Spitzhacken gelockert werden. Zum Befeuern des Brennofens wurde außerdem die vorhandene Vegetation als Brennmaterial verbraucht. Nicht nur Bäume, sondern auch der bekannte Dornbusch, die Aulaga, wurde verwendet.

Viele Fachleute beschäftigen sich seit Jahren mit der Frage, wer denn nun eigentlich Schuld an der Kargheit der Insel trägt. Man ist sich mittlerweile sicher, dass nicht allein die fehlenden Niederschläge, sondern auch die Abholzung und die Zerstörung des Bodens für das Geschäft mit dem Kalk ihren Betrag geleistet haben. Jegliche Art von Holz oder Buschwerk war ein wertvoller Brennstoff.

Adresse El Cantil, 35628 Ajuy | Anfahrt Vom Parkplatz aus über den Strand zur Treppe, die zu den schwarzen Höhlen führt. Auf dem Hochplateau taucht links ein mit Gittern versehenes Loch auf. Danach führt ein Weg dahinter zu der Klippe mit der hölzernen Absperrung. | Tipp Ein Besuch in den schwarzen Höhlen, die man über den oberen Weg erreicht, sollte nicht versäumt werden.

5 Der Gemüsegarten des Ánibal

Heimat für Libellen und Frösche in der Wüste

Die französisch-normannischen Eroberer, die im 15. Jahrhundert nach Fuerteventura kamen, lagerten hier in der Nähe der Quelle »Madre del Agua«. Und das hatte seinen guten Grund, denn hier gab es Frischwasser! Sie nannten diese Gegend »La huerta de Ánibal«. Ins Deutsche übersetzt würde es heißen: der Gemüsegarten des Hannibal. Ánibal war der uneheliche Sohn von Gadifer de La Salle, dem Schwager des berühmten Eroberers Jean de Béthencourt. So weit zur Familiengeschichte.

Allerdings mussten die Eindringlinge zunächst die Einheimischen vertreiben, denn diese nutzten den Ort natürlich schon viel früher: als Frischwasserquelle für Mensch und Tier. Rund um die Quelle herum lassen kleine Mäuerchen auf von Menschenhand angelegte Gärten schließen. Auch ein Wasserleitungssystem – sogenannte Lavadas – ist noch in Fragmenten vorhanden.

Seit 1626 heißt diese kleine Schlucht mit Frischwasserquelle »Madre del Agua« – die Mutter des Wassers. Natürlich ist nicht mehr alles in seinem Originalzustand. Wie auch. Schließlich bedienten sich die Nachfolgegenerationen bis weit in die 50er Jahre des 20. Jahrhunderts an dieser Quelle. Man achtete aber immer auf eine gute Zugänglichkeit und Pflege. Allerdings entsteht aktuell der Eindruck, dass die historische Bedeutung in Vergessenheit geraten ist. Man trifft auf Unrat, Trittspuren auf den alten Palmenstämmen und andere zeitgenössische Unarten.

Dabei ist es doch auch heute ein kleines Paradies in der Wüste der Zivilisation. Plätscherndes Wasser, quakende Frösche, tanzende Libellen und sehr seltene Sumpfpflanzen. Es ist eines der wichtigsten Gebiete von floristischem und ornithologischem Interesse im Parque Rural de Betancuria. Hier findet man süße Dattelpalmen, die Kanarischen Palmen, Tarajales, wilden Sellerie und Schilf.

Adresse Barranco de Ajuy, 35628 Ajuy | **Anfahrt** Von Pájara aus die FV 621 circa zwei Kilometer fahren, bis rechts eine verwahrloste Ziegenfarm auftaucht. Von hier aus führt eine Abfahrt in den Barranco hinab. Eine Weiterfahrt mit dem Auto empfiehlt sich nicht. Zu Fuß geht man nach links ungefähr 300 Meter, bis rechter Hand ein größerer Palmenhain auftaucht, in den man hineingehen kann. | **Tipp** Wer mit festen Schuhen ausgestattet ist und gern wandert, kann der oben bezeichneten Frischwasserquelle die Schlucht hinauf folgen.

6 Das Haus des Viehdoktors

Der Arzt der armen Leute galt als Scharlatan

»Man nehme ein Mimosenblatt, tauche es in Olivenöl und lege es auf die Wunde.« So und ähnlich lauteten die Anweisungen des wohl berühmtesten Arztes Fuerteventuras. »El médico de los corderos« – der Viehdoktor, so wurde Agustín Afonso Ferrer aus Teneriffa genannt, der sehr wohl Arzt der Humanmedizin war, aber zunächst als Viehdoktor arbeiten musste. Er zog Anfang des 20. Jahrhunderts von Ort zu Ort, von Corralejo bis Morro Jable, und heilte nicht nur das Vieh, sondern die Menschen vor Ort gleich mit. Es zog ihn zu den Armen auf dem Lande. »Normale« Ärzte, von denen es damals zwei weitere gab, konnte sich in diesen Zeiten niemand leisten.

Keiner weiß mehr genau, wie Don Agustín das anstellte, aber es funktionierte mit seinen damals revolutionären Naturheilmethoden. Und der Lohn war niemals mehr als eine warme Mahlzeit. Alle waren sich einig und resümierten: »Ich weiß nicht, ob er Arzt war, aber er hat mich geheilt«, und: »Er hatte keine Rezepte, aber er war Kräuterarzt.« So die Aussagen der wenigen, die sich noch an ihn erinnern. Neben seinen Tees arbeitete Don Agustín mit Umschlägen aus Bettlaken und kalten Tüchern. Auch Sonnenbäder (zur Bildung von Vitamin D gegen Rachitis), frische Luft gegen Husten und das Barfußlaufen über Steine zur Aktivierung des Blutkreislaufes ordnete er seinerzeit an.

Zu besonderer Berühmtheit gelangte er, als sein »Konkurrent« Don Cullen Ibañez ihn der Kurpfuscherei und der widerrechtlichen Aneignung von Medikamenten anzeigte. Das konnte Don Agustín natürlich ehrlich verneinen, denn er heilte vorwiegend mit dem, was die Natur hergab.

In diesem Haus, im berühmten Barranco de la Peña, welches die Gemeinde ihm mietfrei zur Verfügung stellte, starb der Arzt am 24. August 1946 im Alter von erstaunlichen 85 Jahren in Einsamkeit. Als Außenseiter der feinen Gesellschaft wurde er außerhalb des Friedhofes von Betancuria beerdigt.

Adresse Barranco de la Peña, 35628 Ajuy | Anfahrt Vom Parkplatz in Ajuy zu Fuß die Treppe zu den bekannten Höhlen hinauf und direkt an einem kleinen Steingebäude rechts einen Weg hochgehen. Entlang der Küste Richtung Norden bis zum bekannten Torbogen. Dann im Barranco rechts ungefähr 500 Meter bis zu dem weit und breit einzigen Gebäude auf der linken Seite hochgehen. | Tipp Am berühmten Arco de Jurado kommt man automatisch vorbei. Hier landeten die ersten Europäer im 15. Jahrhundert.

7 Die Wand am Strand

Wo sich ahnungslose Touristen tummeln

So mancher Badegast, der hier seine Utensilien zum Trocknen aufhängt, ahnt natürlich nicht, welcher Schatz sich dahinter verbirgt. Und dazu noch so ein alter, nämlich über 30 Millionen Jahre! Eine kleine Sensation ist das schon, denn nirgendwo auf den Kanaren wurde bisher eine derartige Gesteinsformation gefunden. Das ist natürlich auf Fuerteventura einfacher zu entdecken, da weniger Vegetation vorhanden ist und der größte Teil der Küste für Menschen zugänglich ist.

Geologen haben es längst herausgefunden: Es handelt sich bei dieser Wand, die einem Stück Baumkuchen ähnelt, um Sedimente des alten urozeanischen Meeresbodens. Aber wie bitte kommt der an die Erdoberfläche? Wir stellen uns vor, dass vor ungefähr 170 Millionen Jahren der Meeresboden, der sich damals einige tausend Meter unter dem heutigen Meeresniveau befand, mit Sedimentschichten bedeckt war. Als Fuerteventura sich aus dem Meer erhob, wurden Teile dieses Meeresbodens hochgehoben und quergestellt. Man stelle sich ein Brot im Backofen vor, welches aufgeht und dessen Kruste reißt. In diese Risse hinein lief dann die flüssige Lavamasse des damals aktiven Vulkans. Das war vor etwa 22 Millionen Jahren. So entstanden die senkrechten schwarzen Linien. Vulkanismus ist eines der spannendsten Phänomene, die an der Entstehung Fuerteventuras beteiligt waren.

Überhaupt ist der Blick nach oben sehr lohnenswert, denn in circa 14 Metern über dem Meer erkennen wir eine helle Sandschicht. Das wiederum ist ein versteinerter Strand, der sich gehoben hat und kleine Meerestiere enthält, die auf ein Alter von 4,8 Millionen Jahre datiert worden sind. Ein Hinweis darauf, dass sich die Insel so langsam, aber sicher in etlichen Millionen Jahren aus dem Meer erhoben hat. Tatsächlich aber ist die erdgeschichtliche Entstehung Fuerteventuras noch lange nicht vollends aufgeklärt. Es bleibt spannend.

Adresse Playa de Ajuy, 35628 Ajuy | Anfahrt Über die FV 621 aus Pájara kommend, ist der Ort Ajuy bestens ausgeschildert. Am Ortseingang ist ein großer Parkplatz ausgeschildert. | Tipp Die Treppe hoch zu den Höhlen! Der Blick auf die alte, wie eine Welle ausgehöhlte Uferlinie dieser Küste ist absolut sehenswert. Die Infos auf den Hinweistafeln sind auch hilfreich.

8 Die Ermita des Heiligen Pedro von Alcántara

Die Sixtinische Kapelle von Fuerteventura

Stolz sind die Insulaner auf diese kleine Kapelle. Sie wurde im Jahre 1681 von Don Pedro Medina und seiner Frau Doña Agustina de Bethencourt eingeweiht. Das Besondere an ihr sind die opulenten Wand- und Tafelgemälde aus dem 18. Jahrhundert. Vor allem die Wandmalereien, ohnehin selten auf den Kanaren, gelten wegen ihrer Technik, bei der Architektur, Malerei und Bildhauerei vermischt werden, als besonders erwähnenswert. Man beachte doch bitte den lässigen Charme, mit dem die kleinen Mäuerchen rund um die Kirche errichtet wurden. Locker verputzt und zentimeterdicke Farbschichten halten scheinbar alles zusammen. Bedenken Sie: Die Gebäudeteile wurden immer von den Einheimischen in Eigenleistung erbaut.

In der Tat staunt der Betrachter ob dieser fast verschwenderischen inneren Gestaltung einer von außen sehr schlicht wirkenden Kirche.

Sie wurde dem Heiligen Pedro von Alcántara gewidmet, welcher, selbst von adliger Herkunft und studierter Rechtsgelehrter, dann später als Büßer und Reformer des Franziskanerordens galt. Er wurde etwa 100 Jahre nach seinem Tode heiliggesprochen, was ungefähr mit der Einweihung dieser Ermita zusammentrifft. Die Nachricht darüber gelangte nach Fuerteventura und machte den Franziskanerorden etwas bekannter. Gab es doch bisher nur ein einziges Kloster in Betancuria.

Auch diese 300 Jahre alten Gebäude mit ihren Schätzen wären dem Verfall preisgegeben, wenn nicht weitere Maßnahmen zu ihrem Schutze ergriffen worden wären, so die Restauratorin Chus Morante, die seit den 1980er Jahren in Fleißarbeit die Gesichter der Heiligen restauriert.

Zeit also für ein Projekt mit einem Spezialistenteam. Im April 2022, finanziert vom »Instituto Canario de Desarrollo Cultural (ICDC)«, nahmen sich Architekten, Restauratoren, Kunsthistoriker und Informatiker dieses besonderen Kleinods an.

Adresse Lugar Ampuyenta 53, 35637 Ampuyenta | **Anfahrt** In Ampuyenta die FV 20 am südlichen Kreisverkehr Richtung Westen verlassen und in den Camino Matias rechts abbiegen. Nach 100 Metern auf der rechten Seite erscheint die Kirche. | **Tipp** In der Nähe der Kirche im Ort befindet sich das Museum Doctor Mena, dessen Besuch sich lohnt.

9__Das Käsemuseum

Geheimnisse einer legendären Delikatesse

Hier geht es nicht nur um Käse, sondern um die Geschichte der Insel und der Menschen, die hier leben. Und dass das Leben sehr schlicht war, aber alles zum Überleben ausreichte. Das erzählt die interaktive Ausstellung, die sich hervorragend für Kinder eignet.

Die ersten Europäer, die Anfang des 15. Jahrhunderts auf der Insel landeten, wunderten sich bereits über die besondere Art der Weiterverarbeitung und Konservierung der geronnenen Ziegenmilch. Fertige kreisrunde Käselaibe wurden mit Salz, geröstetem Getreide oder einfach mit der roten Erde eingerieben. Es wurde Lab aus dem Magen eines Zickleins für die Fermentierung verwendet. Heute verwendet man ein spezielles Pulver. Bereits damals erkannten die spanischen Beherrscher, dass der sehr primitiv hergestellte Käse gerade zur Deckung des Bedarfs in der Bevölkerung ausreichte. Bis jedoch der Käse zum Exportschlager Fuerteventuras wurde, vergingen Jahrhunderte, und es galt, viele Hürden zu überwinden.

Museumsbesucher können sich auch im Melken von Ziegen üben. Natürlich nicht an einer echten. Dafür gibt es ein Modell aus Kunststoff mit Sensoren. Erfolg oder Misserfolg werden anschließend digital angezeigt. Lebendige Ziegen sind nämlich sehr eigensinnige Geschöpfe, halbwild und sehr zickig. Eine derartige Behandlung würden sie sich niemals gefallen lassen. All diese Informationen rund um diese wunderbaren Geschöpfe, wie sie auf die Insel kamen und wie bedeutsam sie für die Menschen sind, kann man im angeschlossenen Shop erfahren. Hier gibt es Bücher, Informationen und kleine Andenken rund um das Wappentier der Insel.

Eine Käseverkostung ist nur mit Anmeldung und festen Terminen möglich. Das ist verständlich, denn ein angeschnittener Käse muss verbraucht werden. Aber jedes spanische Restaurant im Landesinneren bietet die bekannten Tapas mit Ziegenkäse an. Dazu ein Glas Vino Tinto, und die Welt ist in Ordnung.

Adresse Molino de Antigua, 35630 Antigua | **Anfahrt** am Ortsaus-/-eingang von Antigua die FV 20 wie ausgeschildert verlassen | **Tipp** Direkt vor dem Eingang steht die alte Windmühle von Antigua. Denn wenn man sich umschaut, ist das ein grandioser, windiger Standort. Man kann sie nicht nur von außen besichtigen, sondern sogar hineinsteigen.

10 Der Museumsgarten

Ein Garten der Riesen hinter der Mühle

Was Ende des 20. Jahrhunderts als Kaktusgarten geplant war, wuchs im Laufe der Jahre zu einem einzigartigen Paradies für Wolfsmilchgewächse heran. Neben einheimischen Pflanzen der Kanaren entdeckt man aber auch viele Ausländer: Sukkulenten aus Mexiko, Ecuador, Chile oder Indien. Der Import von Kakteen und Aloe-Gewächsen hat für die Insel eine lange Tradition. So wurden bereits im 17. Jahrhundert die Opuntien als Wirtspflanzen für die Cochinilla-Zucht genutzt. Diese schmarotzende Laus war vor der Erfindung synthetischer Farbstoffe ein wichtiger Lieferant des Karmins.

Als Viehfutter in trockenen Zeiten waren besonders die stachellosen Kakteen mit dem Namen Nopal beliebt. Heute noch werden diese übrigens auf den Bauernmärkten der Insel als Delikatesse angeboten. Leicht angedünstet in der Pfanne und mit Salz und Pfeffer gewürzt, sind sie ein sehr guter Lieferant für Vitamine und sekundäre Pflanzenrohstoffe. Der Nopal gedeiht sogar in Töpfen und ist sehr wuchsfreudig.

Der spätere Gründer des Oasispark in La Lajita, Casto Martínez, genannt Tito, wählte im Jahre 1997 diesen besonderen Ort in der weiten Ebene bei Antigua mit den historischen Gebäuden der alten Amtsstuben der Regionalverwaltung des 18. und 19. Jahrhunderts aus. Wo, wenn nicht hier im Schutz hoher Mauern, sollte den Inselbesuchern die einzigartige Natur der Kanaren nahegebracht werden.

Wie Sie sehen, war das eine hervorragende Idee, denn alle Pflanzen fühlen sich pudelwohl. Was nicht zuletzt an der guten Pflege liegt. Denn ohne kräftige Rückschnitte wäre das Ganze in den letzten 25 Jahren zu einem Urwald herangewachsen. Und so sind die gewaltigen, skurrilen Gewächse entstanden. Der lange Drachenbaum, der im windigen Teil der Anlage direkt neben der Windmühle gepflanzt wurde, würde wohl auch gern in dem geschützten Teil wachsen. Aber das ist nun zu spät. In jedem Fall ein aktuelles Topmodel!

Adresse Molino de Antigua FV 20, 35630 Antigua | Anfahrt am Ortsein-/-ausgang die Abfahrt zum Käsemuseum nehmen, den Haupteingang nehmen und links an dem Eingang zum Museum vorbei in den Garten | Tipp Antigua hat einige sehr gute, typisch einheimische Restaurants zu günstigen Preisen: rund um den Platz vor der Kirche, auf dem vor allem im Sommer die vielen Bäume herrlichen Schatten spenden.

11 Tacha Blanca

Der antike Brunnen ist heute ein verlassener Ort

Ein einsamer, versteckter Ort lud einst zum Picknick unter Palmen ein. Schon von Weitem kann man am Hang des Betancuria-Massivs ein kleines Palmenwäldchen erkennen. In Ermangelung ergiebiger Regenfälle war das Leben der Menschen über Jahrhunderte von den wenigen Quellen und Brunnen abhängig, die über das ganze Jahr Wasser hergaben. Was für die vergleichsweise geringe Zahl der Ureinwohner und späteren Siedler durchaus genug war, ist heute ein Tropfen auf den heißen Stein.

Das erkannten natürlich auch die damaligen Besatzer der Insel und erklärten sämtliche Quellen und Brunnen der Insel zum schützenswerten Gemeingut. Ein Erlass aus dem damaligen Regierungssitz Betancuria des Jahres 1610 verbot die Nutzung von Tacha Blanca als Viehtränke oder Waschplatz, um Verunreinigungen zu vermeiden. Die Anwohner wurden abkommandiert, die Quellen zu bewachen und zu säubern und besonders nach starken Regenfällen wieder instand zu setzen.

Bei der Fahrt, oder idealerweise der Wanderung, zu dieser Quelle drängt sich dem Betrachter förmlich die Frage auf, warum hier nicht mehr Landwirtschaft betrieben wird. Ganz einfach ist das nicht. Was damals per Gesetz verordnet wurde und der Ernährung einer sehr kleinen Zahl von Einwohnern galt, geben heute die natürlichen Ressourcen nicht her. Fruchtbarer Boden ja, aber der Aufwand für die Bestückung von Supermärkten und Hotels ist doch um ein Tausendfaches größer als im 17. Jahrhundert. Nach der Pandemie besann sich dann der ein oder andere Landbesitzer auf die Praktiken seiner Vorfahren und baut nun Gemüse für den Eigenbedarf an.

Längst werden die landwirtschaftlichen Flächen dieser fruchtbaren Inselregion natürlich mit Wasser aus den Meerwasserentsalzungsanlagen beregnet. Heute ist Tacha Blanca nicht mehr der idyllische Ort wie vor zehn Jahren. Aber die Inselregierung hat einen Plan zur Restaurierung erstellt.

Adresse Hoya de Antigua, Tacha Blanca, 35630 Antigua | Anfahrt Die Zufahrt führt über die Abfahrt zum ITV (der spanische TÜV), den man rechts liegen lässt, geradeaus auf eine Schotterpiste, auf der man sich zweimal links hält und immer in Richtung des kleinen Palmenwäldchens fährt oder marschiert. | Tipp Etwas weiter nördlich, am Kirchplatz, beginnt der Pilgerweg über den Berg nach Betancuria. Er ist gut ausgeschildert.

12__Der gigantische Aussichtspunkt

Unromantischer Weg zu einer gigantischen Aussicht

Die gute Nachricht vorweg: Wenn auch der Weg schrecklich aussieht, der 90-minütige Fußmarsch hinauf ist gesund und wird am Ende mit einem gigantischen Ausblick belohnt. Das bewegte auch Hollywood-Regisseur Ridley Scott, hier einige Drehtage für seinen Film »Exodus« einzuplanen.

Die Schlucht von Los Canarios war und ist Zeuge des Hirtenlebens der Inselbewohner, die aktuell teils schludrig und lässig in einfachster Weise Versorgungseinrichtungen für die halbwilden Ziegen errichtet haben. Immer noch ist hier der Ausgangspunkt der Apañada de Cofete, dem berühmten jährlichen Viehauftrieb. Schon in vorspanischer Zeit lebten in dieser Schlucht die Mahos, wie die verschiedenen archäologischen Funde belegen. An den Hängen sind unter anderem Bestattungshöhlen mit dem bloßen Auge erkennbar. Wanderern wird klar, warum das Auto unten an der Tankstelle besser aufgehoben ist. Oben an der Kuppe angelangt, wird man noch einmal besonders belohnt, mit einem gigantischen Blick auf die einsame Westküste mit Cofete und der westlichsten Spitze der Insel, der Punta Pesebre. An besonders klaren Tagen ist sogar Gran Canaria auszumachen. Wer eine Jacke mitgenommen hat, kann an diesem recht windigen Ort einen besonders aufregenden Sonnenuntergang erleben.

Diese phantastische Aussicht hat den auf Gran Canaria lebenden Künstler Pepe Dámaso bewegt, der Inselregierung ein Angebot zur Errichtung einer Aussichtsplattform zu machen. Von diesem Gebäude ganz aus Glas könnte man dann sowohl West- als auch Ostküste gleichermaßen bewundern. Die damals veranschlagten Kosten von 2,2 Millionen Euro (heute mit Sicherheit um ein Vielfaches höher) waren im Jahre 2016 bewilligt worden. Zum Bau ist es aber bisher nicht gekommen, weil die Nähe zu prähistorischen Stätten als sehr problematisch angesehen wird.

Adresse Barranco de los Canarios, 35626 El Salmo | Anfahrt Autobahn F1 Richtung Süden, die Ausfahrt El Salmo nehmen und immer der Ausschilderung zur Tankstelle folgen. An der Tankstelle parken und den ehemals asphaltierten Weg hinauf. Für Autos verboten. | Tipp Einen Snack im Café neben der Tankstelle und die Busfahrer eines großen Reiseveranstalters belauschen, die hier ihren Treffpunkt haben.

13 Das älteste Haus der Insel

Das Casa del Huerto steht auf der Roten Liste

Wenn ein Ort etwas richtig Altes zu bieten hat, dann ist es Betancuria. Da war es nur eine Frage der Zeit, wann ein Gebäude aus diesem Bezirk die Aufnahme in die Rote Liste der »Hispania Nostra« schafft. Seit 2007 kümmert sich diese Organisation um den Denkmalschutz in Spanien und hat dafür eine Liste der vom Verfall und Vergessenheit bedrohten Gebäude erstellt. Zum ersten Mal hat es nun Fuerteventura mit seinem kleinen Häuschen an den Berghängen von Betancuria erreicht.

Es gibt weder Expertisen noch andere Dokumente zu diesem Gebäude, dem Haus mit Gemüsegarten. Es ist einfach und schlicht mit Steinen aus der Umgebung errichtet und das Dach mit den üblichen rotbraunen Tonziegeln gedeckt, für deren Herstellung sicherlich auch Material aus der Nähe entnommen wurde. Ein ganz besonderes Detail hat den Experten den Hinweis gegeben, dass die Errichtung im 15. oder 16. Jahrhundert erfolgt sein muss. Denn der Türsturz am Eingang zeigt eine geometrische Figur, die sowohl gerade als auch gekrümmte Seiten hat. Das war für die gotische Bauweise der Normannen typisch. Deshalb kann das Baujahr auf das oben genannte Jahrhundert eingegrenzt werden, denn zu dieser Zeit wurden in Betancuria mehrere Häuser mit gotischen Elementen erbaut.

Noch ist vieles erhalten und kann gut rekonstruiert werden. Die nächsten starken Regenfälle werden es weiter zerstören, und dann wäre ein weiteres Stück Inselgeschichte für immer verloren.

Gerade hier, im historischen Komplex Betancuria, wäre es ein Schmuckstück mehr, welches sich zu besuchen lohnt. Aktuell kann man von einem Betreten nur abraten, nicht allein wegen der Einsturzgefahr, sondern auch zur Vermeidung weiterer Beschädigungen.

Ein Beispiel mehr dafür, wie viele Geheimnisse in den unzähligen alten Ruinen der Insel noch stecken, die es zu erforschen und zu konservieren gilt. Jedes Haus kann eine Geschichte erzählen.

Adresse Calle Presidente Hormiga 7, 35637 Betancuria | Anfahrt Gegenüber der Kirche links ab, die Nächste rechts, dann die Nächste links. Linker Hand ist die Ruine zu sehen. | Tipp Statt links abzubiegen, fährt man ein Stück geradeaus und findet nach 100 Metern links den einzigen originalen Laden mit Handwerkskunst von den Handwerkern der Insel: »Tienda de Artesanía y Artesanos«.

14 Der Knochengarten

Ruhen im Abseits

Wer sich durch die wichtigsten touristischen Highlights der alten Inselhauptstadt gekämpft hat und gern mal an einem ganz besonderen Ort allein sein möchte, der besucht den »Jardín el Osario«, den Garten des Gebeinhauses, so die etwas missverständliche Übersetzung. Vieles hat auf Fuerteventura seine ganz eigene Bedeutung und ist oftmals mit europäischen Gepflogenheiten nicht vergleichbar. Die Abgeschiedenheit, die Zusammenführung arabischer und europäischer Kulturen und die besonders harten Lebensbedingungen haben über Jahrhunderte das Leben auf der Insel geprägt. Manchmal siegte dann eben der Pragmatismus. So auch im Falle des Knochengartens am Hinterausgang der Kirche in Betancuria.

Man findet ihn direkt rechts neben der Treppe, die rückwärtig von der Kirche »Santa Maria« hinaufführt. Eine kleine Senke hinter einer Mauer, bunt bepflanzt mit Kakteen, Tabaibas, Bougainvilleas und einem wunderschönen alten Feigenbaum. Ein kleines Schild verrät uns den Namen dieses Ortes und weist auch darauf hin, dass hier ein Betreten eher unerwünscht ist. »Privado« heißt genau das, was es vermuten lässt. Inzwischen wurde eine Absperrung angebracht, um dem Ort seine Ruhe zu erhalten.

Die folgende Geschichte zu diesem kleinen Garten gibt es nur über Hörensagen, Recherchen im Netz führen in die Irre. Inselbewohner von höherem gesellschaftlichen Rang wurden früher nach ihrem Ableben innerhalb der Kirche in einer Gruft begraben. Logischerweise war irgendwann kein Platz mehr für neue Leichname. Man grub also alte Knochen aus, trug die Gebeine aus dem Hinterausgang der Kirche hinaus und warf sie hinter der Mauer in eine Grube und deckte diese gut zu. Viel später gab es dann einen Friedhof am Rande des Ortes, wo die Toten ihre letzte Ruhe fanden. Irgendwann hatte jemand die Idee zu einem kleinen Gedenk-Garten. Das sollte man respektieren und es bei einem Foto belassen.

Adresse Plaza de Santa María de Betancuria, 35637 Betancuria | Anfahrt idealerweise den großen öffentlichen Parkplatz am Ortsausgang benutzen, dann zu Fuß Richtung Kirche, rechts um die Kirche herum, dann die breite Steintreppe hinauf und rechts etwas tiefer gelegen der »Jardín de Osario« | Tipp Links von der Kirche führt ein kleiner Weg an dem bekannten Restaurant »Casa Santa María« vorbei, in ein Museum mit historischer Handwerkskunst.

15 Das La Sombra

Chill-out mitten in der Hochburg des Tourismus

Wer das reichhaltige Kulturprogramm dieser geschichtsträchtigen, alten Inselhauptstadt in vollen Zügen genossen hat und jetzt Lust auf einen kleinen Snack und ein kühles Bier im Schatten hat, ist im La Sombra genau richtig. Sowohl Karnivoren als auch Vegetarier und Veganer kommen hier auf ihren Genuss. Immer mehr Menschen sind auf der Suche nach einer guten, rein pflanzlichen Ernährung. Die wird hier geboten, denn einige Bioproduzenten auf der Insel haben sich schon längst auf diesen Trend eingestellt und beliefern auch das La Sombra mit leckeren Lebensmitteln. Verzicht auf Plastikambiente und nicht Recycelbares ist dann natürlich auch selbstverständlich.

»Lass uns mal in den Schatten gehen« – dieser Satz war wohl die Taufe für das andersartige Restaurant. Mitbegründer René Loos saß mit einem Freund gegenüber in der Sonne und schaute auf diesen Garten am Hang. Ein schattiges Plätzchen, chillige Musik und zwangloses Mobiliar, das war der Traum. Nachdem diese kleine Terrasse bereits seit Längerem für Treffen mit Freunden genutzt wurde, machten die beiden Gründer René und Ismael aus der Idee ein Geschäft und aus dem Garten ein Outdoor-Restaurant. Selbstverständlich integrierte man die alten Palmen, Sukkulenten und Bougainvilleas, und die spenden nun selbst in der heißesten Zeit den ersehnten Schatten. Alle Jahrgänge sind im Publikum vertreten, egal ob ein- oder achtzigjährig oder vierbeinig. Ja richtig: Hunde sind erlaubt, wenn sie sich benehmen können.

Längst hat sich die besondere Atmosphäre bei Kunstschaffenden herumgesprochen. Man musiziert live am Wochenende in loser Folge. Designer, Maler und Grafiker gestalten T-Shirts, Kappen und diverse Souvenirs, die man im La Sombra erwerben kann. Geplant sind Workshops und Künstlerarbeiten mit und vor Publikum. Um die Mittagszeit sollte man sich unbedingt einen Platz reservieren.

Adresse Calle Alcalde Carmelo Silvera, 35637 Betancuria | Anfahrt In Betancuria Richtung Vega de Rio Palmas, kurz vor dem Ortsausgang rechts eine Abfahrt zu dem offiziellen Parkplatz. Von dort zu Fuß den schmalen Weg Richtung Innenstadt am Flussbett entlanggehen. Dann einige Stufen hoch zur Fußgängerzone. Direkt gegenüber ist das Lokal. | Tipp Ein Spaziergang durch die sehr gepflegte Altstadt von Betancuria ist sehr empfehlenswert.

16 Das archäologische Museum

Wie alles begonnen haben könnte

Das wohl spannendste Kapitel der Geschichte Fuerteventuras ist die menschliche Besiedlung. Jahrzehntelang wurde auf der Insel hier und da etwas gefunden und archiviert, allerdings leider auf die anderen Inseln verbracht, und von dort müssen nun mühselig die einzelnen Objekte herangeschafft werden. Hinzu kommt, dass man generell für die spezielle Altersbestimmung der Fundstücke bis vor einigen Jahren gar nicht ausgerüstet war, und so wurde inselweit einfach viel übersehen. Seit Kurzem allerdings geben sich die Archäologen und Paläontologen auf der Insel die Klinke in die Hand. Es wird gegraben und gesiebt, und die Geschichte der Besiedlung Fuerteventuras ist noch lange nicht zu Ende erzählt. Beinahe täglich berichtet die Presse über neue archäologische Funde, die auf wissenschaftliche Auswertung warten.

In dem alten Museum nebenan aus dem Jahre 1965 wurde bis zu seiner Schließung 2005 alles aufbewahrt, was unter anderem Wanderer oder Bauern bei der Feldarbeit gefunden hatten. Im Jahre 2012 wurde das Projekt für ein neues Museum genehmigt, dessen Umsetzung tatsächlich zehn Jahre dauerte. Im Ergebnis steht ein kleiner moderner Fremdkörper in altehrwürdiger Umgebung, der tatsächlich bisher weit über zwei Millionen Euro verschlungen hat.

Optisch kommt es gut herüber, denn die neue Präsentation ist modern, schlicht und gut beleuchtet. Es tummeln sich Vasen, Knochen, Felsen mit libyschen Steinritzungen aus der Zeit vor der Eroberung. Das mittlere Stockwerk ist noch in Arbeit. Der Eintritt ist frei, die Erklärungen sind auf Spanisch und Englisch angefügt. Allerdings fehlt dem Besucher etwas der große Zusammenhang. Man muss sich schon genau durchlesen, um die Geschichte der Insel zu verstehen. Zudem scheint die englische Übersetzung nicht ganz ausreichend. Aber gut, es ist ein Anfang gemacht, und die drei Stockwerke sind noch längst nicht vollends gefüllt.

Adresse Calle Roberto Roldán 21, 35637 Betancuria | **Anfahrt** Parken sollte man am besten auf dem großen Parkplatz am Ortsausgang. Die Hauptstraße (FV 30) geht man zurück bis zu dem Restaurant »Valtarajal« auf der rechten Seite. Zwischen diesem Gebäude und dem alten Museum führt ein Weg hoch zu dem neuen Museum. | **Öffnungszeiten** Di–Sa 10–17 Uhr | **Tipp** Links neben dem alten Museum befindet sich der alte Süßwasserbrunnen. Er ist gut vergittert, aber man kann wunderbar zehn Meter in die Tiefe schauen und tatsächlich Wasser erkennen.

17_Der Pinar

Ein unglücklicher Wald, der aber gern besucht wird

Was vor einigen hundert Jahren wohl noch niemand ahnte: Das Abholzen von Wäldern führt zum Austrocknen der Böden, denn die Bäume auf den Bergen des Betancuria-Massivs wirkten wie Regenfänger. Im Falle von Fuerteventura doppelt schlimm. Die klimatischen Verhältnisse waren immer problematisch, denn es regnete sehr ungleichmäßig, und jahrelange Dürreperioden waren nicht selten. Hungersnöte sind für die älteren Inselbewohner kein Fremdwort.

In den 1940er und 1950er Jahren plante man zum wiederholten Male große Projekte zur Wiederaufforstung und versuchte unter anderem, die Kanarische Kiefer anzusiedeln. Hier schien das Projekt zunächst aussichtsreich. Zigtausende kleiner Pflanzen wurden gesetzt, künstlich bewässert und mühsam aufgepäppelt. Obwohl die Kanarische Kiefer hier niemals heimisch gewesen sein soll. Alles sah zunächst sehr vielversprechend aus. Doch haben die letzten trockenen Jahre einen sehr traurigen Anblick hinterlassen. Insbesondere an den Berghängen hat kaum ein Bäumchen überlebt. Dafür haben sich einige Exemplare ins geschützte, feuchtere Tal geflüchtet. Inzwischen hat man viele kahle Stellen mit robusten einheimischen Gewächsen bepflanzt, denn Sukkulenten sind wahre Überlebenskünstler in Trockengebieten.

Trotzdem ist der Wald von Betancuria immer noch ein beliebter Ausflugsort für Familien, denn besonders am Wochenende wird hier gegrillt. Wie überall auf der Insel hat man an vielen originellen Orten sogenannte »Menderos« bauen lassen, wo jedermann seine mitgebrachten Speisen verzehren und auf den massiv gemauerten Grills sein Fleisch zubereiten kann. Und so werden im Wald von Betancuria im Schatten der überlebenden Pinien Kindergeburtstage, Jubiläen und einige romantische Events unter freiem Himmel gefeiert. Auch hier sichert rechtzeitiges Erscheinen die besten Plätze. Der Sonntag garantiert immer »volles Haus«.

Adresse El Pinar, 35637 Betancuria | Anfahrt in Betancuria der FV 30 Richtung Vega de Rio Palmas folgen und nach dem Ortsausgang circa einen Kilometer links einen Weg hinauffahren, diesen bis zum Ende bis zu dem vorgesehenen Parkplatz | Tipp Wer dem Trubel entgehen möchte, macht einen kleinen Spaziergang zum Castillo de Lara hinauf. Es geht nach rechts über eine kleine Brücke über einen Pfad den Hügel hinauf.

18__Die Filmkulisse

Wo Angelina Jolie ihre Gärten bepflanzte

Eine großartige Filmkulisse ist dies allemal: am Fuße der Schlucht am Buen Paso ein kleiner Palmenhain, majestätische Felsen, echtes Wasser und eben gut zugänglich für Fahrzeuge aller Art. Da spart sich eine Filmproduktion viel Arbeit. Das hatte auch die Produktionsfirma Marvel Cinematic Universe erkannt und gleich mehrere ideale Szenen für den Science-Fiction-Film »Eternals« hier an dieser Stelle und etwas weiter unten in dem ausgetrockneten Flussbett Richtung Ajuy abgedreht. Die Idee zum Filmdrehbuch ist der gleichnamigen Comicreihe entnommen. Gedreht wurde unter anderem mit Angelina Jolie, die sich auch privat mit ihren Kindern während der Drehpausen ganz natürlich unter das Inselleben mischte. Wer sich den Trailer zu diesem Film, der hier auf der Insel 2019 gedreht und dann 2021 in die Kinos kam, einmal anschaut, erkennt sofort viele Inselorte wieder.

Am Fuße des Buen Paso, wo sonst die letzten Palmen vor sich hin darben, Anpflanzungen an Krankheiten und mangels Pflege eingehen, ist während der Dreharbeiten eine natürliche Kulisse mit Gärten und Hütten errichtet worden. Klägliche Reste sind noch zu erkennen und werden landwirtschaftlich genutzt.

Für den Film wurde an diesem Ort eine gewaltige Kulisse für ein sogenanntes Babylonisches Reich aufgebaut. Auch noch sichtbar sind einige Felssprengungen im linken Teil der Schlucht. Von einer Evakuierung des Teams wegen des Fundes einer nicht explodierten Bombe Anfang November 2019 berichtete seinerzeit die englische Boulevardzeitung »The Sun«. Das wurde allerdings bisher von keiner kompetenteren Stelle bestätigt.

Die Erfahrung mit der Filmbranche hat in der Vergangenheit gezeigt, dass die verfilmte Landschaft nicht nur eine wunderbare Werbung für die Insel ist, sondern auch die Tatsache, dass die auserwählten Orte von den Teams meist wesentlich attraktiver hinterlassen werden, als sie vorgefunden wurden.

Adresse Camino Buen Paso, 35628 Ajuy | Anfahrt Von Pájara aus Richtung Ajuy abbiegen und die FV 621 an der Ausschilderung Buen Paso nach rechts verlassen. Den Camino Buen Paso bis zu dem großen Schotterparkplatz. Die Gärten beginnen gleich linker Hand. Ein Trampelpfad führt hinüber zur anderen Seite der Schlucht. | Tipp Wenn man weiter dem ausgetretenen Weg folgt, erreicht man den Ausgang der Schlucht mit ihren gigantischen Felsen.

19 Die Quelle mit Kapelle

Hinauf zum kleinsten Altar mit Frischwasserquelle

Diese kleine, gut ausgeschilderte Wanderung führt in den Heiligen Berg der Ureinwohner. Montaña Cardón, so heißt der markante Gebirgszug, kurz bevor die Halbinsel Jandía beginnt. Er gab dem kleinen Ort an seinem Fuße den Namen. Und dieser Berg beherbergt wie nahezu alle mächtigen Erhebungen der Insel viele Geheimnisse.

Auf dem fast unerreichbaren Kamm fanden Archäologen heilige Stätten der Ureinwohner und eine kleine Festung. Am südöstlichen Fuße soll das Grab eines Riesen aus vorchristlicher Zeit liegen. Die stattliche Größe der Ureinwohner war bekannt. Alte Schriften berichten von einem Knochenfund eines Menschen von über zwei Meter Länge in einer Höhle liegend. Es soll sich um einen besonders tapferen Krieger der Ureinwohner gehandelt haben. Man nannte ihn Mahan, wie den Berg, an dessen Fuße sein Grab liegt.

Der Legenden nicht genug! Mehrere Erscheinungen der Jungfrau Maria in der Nähe der heutigen Kapelle veranlassten die Bewohner damals, dort Höhlen in den Felsen zu schlagen und eine winzige Kapelle einzurichten. Liebevoll gestaltet, gibt es eine kleine Empore im Felsen mit Bildchen und vielen Bittbriefen, einem Buch mit Wünschen und vielen Kerzen. An jedem letzten Sonntag im Mai wird die Heilige Jungfrau von El Tanquito in Form einer hölzernen Figur in Begleitung mehrerer hundert Menschen feierlich hier hinaufgetragen.

Noch etwas Besonderes findet sich direkt neben der kleinen Kapelle: eine Frischwasserquelle, die wie an so vielen Orten der Insel direkt aus dem Berg kommt. Selbst in regenarmen Zeiten reichen die feuchten Passatwinde, welche die Berggipfel der über 600 Meter hohen Montaña Cardón streifen, aus, um die Quelle ganzjährig zu speisen. Ende des 19. und Anfang des 20. Jahrhunderts wurde sogar ein Stollen in den Berg getrieben, um das landwirtschaftliche Gut Chilegua an der Westseite des Gebirgszuges mit Frischwasser zu versorgen.

Adresse an der FV 618 ohne Namen, 35628 Cardón | Anfahrt Aus dem Ort der Ausschilderung Richtung Pájara auf der FV 618 folgen. Kurz bevor eine lange Steigung beginnt, erscheint rechts ein kleiner Parkplatz. Dort parken und auf der anderen Seite der Straße den gut ausgeschilderten, sehr einfachen Fußweg zur Kapelle mit Quelle nehmen | Tipp Die FV 618 weiter über den Pass fahren und den gigantischen Ausblick auf die alte Vulkanlandschaft genießen, in weiterer Folge erreicht man die Westküste und La Pared.

20 Die Vulkanfelder

Wo die »Fuerteventurakartoffel« besonders gedeiht

Immer mehr besinnt man sich auf altbewährte Techniken der Landwirtschaft. Denn bis vor wenigen Jahren wurde nahezu jegliches Gemüse für Hotels und Gaststätten von anderen Inseln oder vom Festland importiert. Kartoffeln kamen sogar aus Schottland oder Israel, nur um ein üppiges Angebot in den Supermärkten zu präsentieren. Was aus der Not während der Pandemie geboren war, erwies sich jetzt als zukunftsweisende Idee: Teure Transporte werden überflüssig, wenn man vor Ort produziert.

Am Fuße der Montaña Cardones bauten die Inhaber einer einheimischen Supermarktkette Regenauffangbecken aus, deren Überlauf stufenweise angelegte Felder bewässern kann. Hilfsweise gibt es ein Bewässerungssystem mit Schläuchen, die wiederum von einer Pumpe gespeist werden. Ein zweiter positiver Effekt dieser landwirtschaftlichen Anlage: Bei Starkregen kann ein guter Teil des kostbaren Nasses direkt vor Ort aufgefangen werden, wenn es an den Berghängen herunterströmt. Es fließt nicht ungenutzt ins Meer und kann auf seinem Weg dorthin nicht so große Schäden anrichten.

Die roten Böden sind fruchtbar, sehr mineralhaltig und locker mit feinem Lavasand vermischt. Allerdings fehlt wegen der fehlenden Humusbildung nahezu völlig der organische Anteil. Auch hier gibt es eine natürliche Lösung, die sich seit Jahren bewährt: die Beimischung von Ziegendung. In Lastwagen herangeschafft aus der nahe gelegenen Ziegenfarm, ist auch dem Viehhalter geholfen.

Natürlich wird nach jeder Ernte kräftig nachgedüngt. Pestizide sind nicht nur teuer, sondern bei den zunehmend ernährungsbewussten Menschen unerwünscht. Aber so ganz ohne geht es sicherlich auch nicht. In den Sommermonaten wird nicht angebaut, dann sei zu viel Ungeziefer unterwegs, so die Experten. Außerdem fehlt schlicht und einfach das gute Regenwasser, es ist viel zu heiß, und der starke Wind würde die Pflanzen schädigen. »Papas de Fuerteventura« gibt es zur Saison in den großen Supermärkten zu kaufen.

Adresse FV 618 ohne Namen, 35628 Cardón | Anfahrt Im Ort der Hauptstraße zum Ortsausgang folgend. In einer starken Rechtskurve beginnen die Felder. Die riesigen Auffangbecken befinden sich einige hundert Meter die Straße weiter aufwärts. | Tipp Eine grandiose Fahrt hinauf zum Pass empfiehlt sich dem, der in der Höhe keine Probleme hat. Man bleibt auf der FV 618 und hat oben auf dem Pass eine atemberaubende Aussicht auf die umliegende Bergwelt.

21 Das Chalet de Cofete

Der Stoff, aus dem die Gruselgeschichten sind

Kaum ein Ort auf der Insel ist so häufig frequentiert und so umstritten wie die Villa Winter, oder wie die Einheimischen sie nennen: »El Chalet de Cofete«. Logisch, denn die Lage ist traumhaft, und die einsame Villa gleicht einem idealen Räuberversteck. Wenn dann gegen Abend alles in salzige Nebelwolken gehüllt wird, bekommt die Phantasie Flügel.

Es gäbe da eine schlichte Geschichte über den deutschen Abenteurer und Visionär Gustav Winter, der lediglich die Landwirtschaft in dieser abgelegenen Gegend in Schwung bringen und sogar nach dem Krieg den Tourismus im Süden ankurbeln wollte. Das wäre im Sinne der Familie von Gustav Winter, die diese Version immer wieder belegen kann. Allerdings bleiben viele Fragen offen, über die sich nicht nur investigative Journalisten, sondern auch Historiker die Köpfe heiß diskutieren. Denn Winters gute Beziehungen zur spanischen Militärdiktatur und der Führungsriege des Nazideutschlands sind unbestritten. Bisher reichen die erst kürzlich veröffentlichten Berichte des amerikanischen Geheimdienstes nicht aus, um Beweise zu liefern.

Aber die Insel hat ihre Story und einen Anlaufpunkt für Tausende von Touristen, die ohne Unterlass ihre Mietwagen über die Buckelpisten nach Cofete steuern. Das Gruselkabinett des selbst ernannten Museumsleiters Pedro Fumero in der alten Villa ist immer wieder ein Highlight. Viel wurde geschrieben, aber ob Roman oder Krimi, über die Vermutungen hinaus traut sich kein Schriftsteller. Und die Inselregierung lässt gewähren, der heutige Landbesitzer, die Immobiliengesellschaft von Lopesan, auch. Denn mitten im Naturpark Jandía wird eine touristische Bebauung niemals möglich sein.

Aber nur zu gern feiern die Menschen in Cofete an jedem dritten Wochenende im Juni ihr religiöses Fest »San Juan«. Und spätestens dann sind sich alle einig, dass Cofete etwas mehr Modernisierung verdient hätte.

Adresse Cofete, Piste ohne Namen, 35625 Morro Jable | Anfahrt Eine Anfahrt mit dem Pkw sollte vorher mit der Autovermietung abgeklärt werden. Dann würde man in Morro Jable Richtung Hafen (Puerto) fahren und kurz vor diesem rechts der Ausschilderung über 17 Kilometer (!) Schotterpiste nach Cofete folgen. | Tipp Ein Erlebnis der besonderen Art ist die Busfahrt mit einem öffentlichen, geländegängigen Bus der Linie 111 um die gesamte Südspitze herum. Ab dem Busbahnhof in Morro Jable, www.tiadhe.com, auch in deutscher Sprache.

22 Die Filmkulisse

Wo Ridley Scott seine Streitwagen hinabschickte…

… da warten jetzt die wilden Ziegen auf Touristen. Also gleich zwei Attraktionen an einem Ort. Denn sowie man den Pass über die Schotterpiste nach Cofete erreicht hat und sich ein kleines Päuschen gönnt, da kommen sie auch schon angetrottet. Die mutigen Damen der wilden Ziegenhorde können auf einmal ganz anhänglich sein. Es hat sich nämlich unter den Gehörnten herumgesprochen, dass Touristen sehr spendabel sein können. Hier ein Stück Brot, dort einen Apfel oder ein paar Kekse. Wenn auch nicht gesund, so aber eine Abwechslung im Ziegenalltag. Und was die Ziege nicht frisst, die Streifenhörnchen nehmen alles.

Der Blick nach unten hat schon so manchem Touristen den Schweiß auf die Stirn getrieben. Viele kehren um. Um eine vielfache Geschwindigkeit höher sausten im Jahre 2016 hier die ägyptischen Streitwagen unter der Regie von Ridley Scott herunter. Die kurvenreiche Straße war die Originalkulisse für den damals sehr umstrittenen Hollywoodfilm »Exodus – Gods and Kings«. Man warf dem Drehbuch eine Verzerrung der biblischen Geschichte und Gotteslästerung vor.

Eine atemberaubende Fahrt ins Tal, die Mensch und Maschine alles abverlangte, wurde hier mit immensem Aufwand abgedreht. Tagelang war die Strecke nach Cofete gesperrt und die Bewohner evakuiert. Entstanden ist eine der wenigen Szenen in dem Streifen, in denen man Fuerteventura wirklich gut erkennen kann. Alle weiteren Drehorte sind digital doch sehr verfremdet.

Wer sich bis hier hoch mit dem Mietwagen auf der buckligen Schotterpiste gewagt hat, der kann auch ruhig weiterfahren und den Ort Cofete in all seiner Abgeschiedenheit genießen. Eine ebenso abenteuerliche, aber täglich praktizierte Variante ist die Fahrt des Linienbusses. Jawohl! Die Linie 111 ist ein Geländebus Fabrikat Unimog und startet ab Busstation Morro Jable, fährt über die Südspitze nach Cofete und zurück. Zweimal täglich auch an Sonntagen.

Adresse Die Piste nach Cofete, ohne Namen, 35625 Morro Jable | Anfahrt Eine Anfahrt mit dem Pkw sollte vorher mit der Autovermietung abgeklärt werden. Dann würde man in Morro Jable Richtung Hafen (Puerto) fahren und kurz vor diesem rechts der Ausschilderung über zehn Kilometer (!) Schotterpiste folgen und dann der Ausschilderung nach rechts Richtung Cofete folgen. Hat man den Gipfel geschafft und kann das Meer sehen, ist das Ziel erreicht. | Tipp Ein Strandspaziergang an der Playa de Cofete ist ein absolutes Highlight, nur das Baden ist strengstens verboten!

23 Die Quelle

Das Wasser fürs Dorf kommt aus dem Berg

Lange bevor sich die ersten Europäer anschickten, die Insel zu erobern, war dieses einsame Fleckchen am Nordhang des Jandía-Gebirges schon besiedelt. Die zahlreichen Spuren der Ureinwohner bestehen aus einfachen Steinbauten in 200 Meter Seehöhe in unmittelbarer Nähe einer Höhle im Berg. Und diese birgt einen Schatz, nämlich frisches Quellwasser. Kein Wunder also, dass die Menschen bereits früh erkannten, dass es sich hier an der etwas feuchteren Luvseite des Gebirges besser leben ließ als im Landesinneren. Zumindest in den Dürreperioden und während des Sommers zogen die Menschen mit Sack und Pack und Getier hierher. Man ernährte sich von Muscheln und Meeresschnecken, wie die vielen herumliegenden Schalen belegen. So stellen sich die Ethnologen die Eroberung der Halbinsel Jandía vor.

Die Entdeckung dieser Quelle war nicht nur damals ein Segen für Mensch, Flora und Fauna, auch nachfolgende Generationen nutzten das natürliche Nass in Lavadas – gemauerten Wasserleitungen – und Plastikschläuchen. Allemal ein spannender Spaziergang hinter der Villa Winter, entlang der Lavadas hinauf zu der Quelle mit den beiden Palmen, die man bereits unten vom Strand aus gut erkennen kann. Über festes Schuhwerk sollten Sie allerdings verfügen, um diese verborgenen Schätze zu erkunden.

Der Weg führt vorbei an vielen Gebäuderesten, die belegen, dass diese so abgeschiedene Gegend gut genutzt wurde. Man erkennt Staumauern, Gärten, Regenauffangbecken, einfache Wohngebäude, und wenn man genauer hinschaut, findet man auch Reste alter Nutzgärten. Anscheinend werden einige Gebäude sporadisch benutzt. Sehr wahrscheinlich aber, dass der Ingenieur Gustav Winter hier konkrete Vorbereitungen zur Nutzung seiner Villa traf. Eine der Wasserleitungen aus der Quelle führt in einen Brunnen hinter der Villa und von dort über einen Plastikschlauch direkt in das Gebäude hinein.

Adresse Cofete ohne Straßennamen, 35625 Morro Jable | Anfahrt Zum Dorf Cofete über eine Schotterpiste von Morro Jable aus. Von hier folgen wir der Piste zur Villa Winter, parken und gehen zu Fuß links vom Gebäude bis zu einem gemauerten Brunnen. Von dort aus folgen wir der Wasserleitung, die teils aus Zementrohren besteht, bis zu 200 Meter an einem Berghang entlang in Richtung Quelle. Diese erkennen wir an den beiden Palmen, die links von der Quelle stehen. Festes Schuhwerk ist Voraussetzung. | Tipp Im Dorf unbedingt in der Bar »Cofete« den Ziegeneintopf probieren.

24 Die Dünenlandschaft

Das Geheimnis des Sandes

Wird der Sand aus der Sahara herübergeweht? Das ist wohl die häufigste Frage, die bezüglich der Herkunft dieses acht Kilometer langen und knapp 2.700 Hektar großen Areals im Norden der Insel gestellt wird.

Filmkulisse, Sportstätte und Vergnügungspark für Urlauber, das ist der Naturpark »Dunas de Corralejo«. Berge von Sand, die einzig und allein von Meer und Wind gebildet und gestaltet wurden. Reste toter Meeresbewohner sinken auf den Grund. Die kalkigen Hüllen abgestorbener Muscheln und Schalentiere wurden durch das Absinken des Meeresspiegels während der Eiszeiten freigelegt und die Feinanteile später vom Wind kontinuierlich ins Landesinnere geblasen.

Betrachtet man eine Handvoll dieses Sandes einmal etwas genauer, werden die fein gemahlenen Krusten und Schalen der abgestorbenen Meeresbewohner erkennbar. Auch schwarze Körner sind dabei, denn die Rollbewegungen der Lavabrocken im Meer lösen auch von ihnen feine Teile ab. Aktuell sind die Dünen noch immer in Bewegung, denn das Meer nimmt sich bei Flut große Mengen an Sand mit und verteilt es mit der Strömung oft an andere Stellen.

Jedoch hat der Bau der großen Hotels direkt in Küstennähe die Bewegung der Dünen nicht unerheblich verändert, denn der Wind wird abgelenkt. Auch variieren die Dünen in ihrer Höhe und Position, da sowohl die Meeresströmung als auch die Windrichtung im Winter anders verläuft als im Sommer. Ein weiterer wichtiger Faktor ist der Bewuchs, so spärlich er auch sein mag. Besonders der Balancón, der besonders auffällige, immergrüne und bis zu einem Meter hohe Busch bremst den Sand und sammelt ihn um sich herum. Dann wächst er wieder aus seinem Hügel heraus und verstärkt so seine Wirkung als Sandbremse. Je natürlicher die Dünenlandschaft belassen wird, je weniger der Mensch eingreift, umso besser kann sich eine angepasste Vegetation entwickeln und wiederum schützenswerten Tieren Lebensraum bieten.

Adresse Grandes Playas FV 106, 35660 Corralejo | **Anfahrt** Die eigentliche Dünenlandschaft beginnt südlich des Kreisverkehrs zu den Hotels »Tres Islas« und »Oliva Beach Hotel«. Geparkt wird auch hier vor den Hotels. An der FV 106 ist vielfach das Parken nicht mehr erlaubt. | **Tipp** Baden im kristallklaren Meer gehört immer noch zu den Highlights eines Besuches in Corralejo.

25 Das Haus aus Kunst

Anklopfen lohnt sich

Den andalusischen Künstler Carlos Calderón Yruegas zog es einst in den Norden Fuerteventuras. Er suchte den Horizont am Meer, die Wüste und ein halbwegs erträgliches Klima. Verständlich, denn die Temperaturen seiner Heimatstadt Sevilla schwanken zwischen 40 Grad im Sommer und sechs Grad im Winter. Da ist es doch an Fuerteventuras Küsten deutlich gemäßigter und ganzjähriges Arbeiten unter freiem Himmel möglich. So zog er dann nach Fuerteventura, baute sich ein Traumhaus, bestehend aus vielen seiner Kunstwerke. Leben im eigenen Kunstwerk sozusagen. Eine ganz eigene Geometrie und die Rundungen des Hauses, die Lieblingsfarbe des Künstlers und jede Menge große und kleine Skulpturen und Objekte wurden in das Gebäude integriert.

Angezogen von der positiven Ausstrahlung des Hauses, stehen immer zufällig oder gezielt angereiste Besucher davor, und ihnen wird Einlass gewährt, wenn der Künstler selbst daheim ist. Mehr noch: Seine Studiogalerie bietet Grafiken und kleine Objekte zum Mitnehmen an, für jeden Geldbeutel gibt es Schönes zu erstehen. Sollte dieses Kunsthaus einmal in ein Museum umziehen, was es wirklich verdient hätte, wird das für jedes Umzugsunternehmen eine logistische Herausforderung werden.

Nebenbei bemerkt: In Deutschland hätte der Bau bestimmt gegen mindestens zehn Vorschriften verstoßen. Dass die Anlage so lange Zeit von Vandalismus und Graffiti-Überfällen verschont geblieben ist, grenzt tatsächlich an ein Wunder. Seine Schönheit flößt wohl Respekt ein. Nur ab und an hat sich einmal jemand an den kleinen, bunten Reliefs bedient. Aber das war auch die Intention des Künstlers und konnte schnell ersetzt werden. Nur einmal vor einigen Jahren, genau am 1. Oktober 2016, benahm sich jemand völlig daneben und sprühte ein übles Schimpfwort an die Außenfläche. Carlos nahm es gelassen, verhüllte die Front à la Christo und renovierte.

Adresse Avenida Grandes Playas 139, 35660 Corralejo | **Anfahrt** Die FV 1 von der Autobahn kommend über die nächsten beiden Kreisverkehre geradeaus fahren. Dann an der Filiale der Caixabank rechts in die Avenida Grandes Playas. Fast bis zum Ende durchfahren. Das Haus befindet sich direkt neben dem FKK-Grand-Hotel »Natura«. | **Tipp** Nebenan dem »Natura«-Hotel einen seriösen Besuch abstatten. Es ist bislang das einzige seiner Art auf der Insel.

26 Der Riesenball

Eines der sehenswürdigen Pleiteobjekte

Ob verwaiste Erlebnisparks, ausgediente Badeparadiese und neue utopische Bauprojekte, Corralejo hat vieles zu bieten. Nicht nur, dass viel Geld, Material und Energie aufgewendet wurden, auch die Hoffnung vieler Insulaner auf neue Arbeitsplätze löste sich an Ort und Stelle in Luft auf.

Getrieben von der Idee (wie im spanischen Malaga beobachtet), viel Geld zu verdienen, baute man neben dem Wasservergnügungspark eine Erlebniszone gleich dazu. Ganz vergessen wurde dabei wohl, dass die Mehrzahl der Urlauber nach Fuerteventura kommt, um sich zu erholen, und nicht, um etwas zu besuchen, was man zu Hause bei jeder Kirmes präsentiert bekommt. Es lohnt sich, diesen Ort der Untaten und Banalitäten der Tourismusbranche dennoch einmal näher anzuschauen. Und da findet sich tatsächlich etwas Besonderes.

Ganz in der Nähe des einst sehr beliebten Baku-Wasservergnügungsparks findet man ein billiges Mini-Disneyland mit Geisterhotel sowie diversen Horrorfilmkulissen. Ein hölzernes Segelschiff sollte für die Kinder ein Piratenevent signalisieren, nun brannte es vor einiger Zeit einfach mal ab. Nebenan gleich ein seltsamer Blickfang mit riesigen Masten. Das sollte einmal ein Golfabschlag werden. Aber der eigentliche Eyecatcher war das Riesenzelt. Es hielt lange den Sandstürmen und Passatwinden stand, ist solide verankert. Es lohnte hineinzugehen, denn es funktionierte lange als das, was es einmal werden sollte: ein riesiger Klangraum. Ein Erlebnis für jeden, der etwas für Klänge, Töne und Erlebnisräume übrighatte.

Nun hat vor Kurzem ein Sturm die Plane weggerissen, und übrig geblieben ist ein graziles Metallgerüst, das ganz ungeahnte neue Möglichkeiten bietet. Vielleicht taucht es demnächst in irgendeinem Blockbuster auf. Die kostbare Bespannung fand jedenfalls reißenden Absatz in der Bevölkerung und wurde zu Autoplanen, Zelten oder Poolabdeckungen umfunktioniert.

Adresse Calle Pedro y Guy Vandaele, Eingang neben dem Auditorium, 35660 Corralejo | **Anfahrt** Von der Autobahn aus im ersten Kreisverkehr geradeaus fahren. An der nächsten Gelegenheit rechts. Der Riesenball ist von Weitem gut sichtbar. | **Tipp** Im Auditorium finden häufig interessante kulturelle Veranstaltungen statt. Der aktuelle Veranstaltungskalender ist den Social Media zu entnehmen.

27 Der Süßwasserbrunnen

Eine historische Quelle mitten in der Wüste

Ganz im Norden des riesigen und bei Urlaubern so beliebten Dünenkomplexes befindet sich ein mit schwarzen Vulkansteinen durchmischter Strand mit Namen Playa del Pozo. »Pozo« heißt auf Spanisch Grube oder auch Brunnen. Und tatsächlich befindet sich hier in unmittelbarer Nähe der Küste ein Süßwasserbrunnen, der von den Ureinwohnern genutzt wurde. Die Eroberer haben sich das abgeschaut und nutzten ihn lange Zeit, bevor sie die Insel weiter erkundeten. Auch ankerten hier vor der seichten Küste vor Lobos vom 15. bis weit ins 16. Jahrhundert die großen Schiffe der Küstensegler in Ermangelung eines Hafens. Die Ureinwohner Fuerteventuras waren keine Seeleute und hatten keine Veranlassung, Häfen zu bauen.

Die besondere Geschichte der Playa del Pozo: Hier landeten die Normannen im Jahre 1402 das erste Mal auf Fuerteventura. Von Lanzarote aus segelte der Franzose Gadifer de la Salle herüber und startete von hier aus Expeditionen ins Landesinnere. Immer wieder versuchte man einen Zugang an der Westküste zu finden, was allerdings wetterbedingt meistens misslang.

Traditionell wurde in der Nähe von Süßwasserquellen gesiedelt, Ackerbau und Viehzucht betrieben. So wundert es nicht, dass sich noch heute an diesem Strandabschnitt besonders viele archäologische Stücke finden lassen, wenn der Wind sie vom Sand befreit. Regelmäßig werden kleine Geheimnisse freigelegt: die Spuren der Ureinwohner in Form von Bruchstücken alter Gefäße, Steinwerkzeuge und vieles mehr.

Wenn man heute den Strand von Playa del Pozo besucht, sollte man tunlichst keine Fundstücke an sich nehmen, weil es schlicht und einfach verboten ist. Ein Ärgernis für die Umweltbehörde ist ja seit Jahren die Angewohnheit der Strandbesucher, sich Steinburgen zu bauen. Es wurden bereits viele archäologisch wertvolle Strukturen zerstört. Aber die Dünen sind und bleiben ein Eldorado für Nudisten und Hobbyarchäologen.

Adresse Playa del Pozo, 35660 Corralejo | **Anfahrt** Die alte Küstenstraße FV 1A von Süden kommend bis zu den ersten Häusern Corralejos. Auto sicher parken und zu Fuß Richtung Meer. Dort etwas Richtung Süden gehen, und man trifft auf die Reste, die auf einen Brunnen hindeuten. | **Tipp** Eine weiterführende Wanderung Richtung Süden führt an den ältesten, aber aktuell umstrittenen Hotels »Tres Islas« und »Oliva Beach« vorbei.

28 Die Düne am Playa de Sotavento

Alle wandern dort, die Düne tut es auch

Wem es gelingt, die Abfahrt zum Risco del Paso zu finden, wird belohnt. Zu sehen gibt es die beiden schönsten Wanderdünen an der Ostküste der Halbinsel Jandía. Vom großen Schotterparkplatz geht es einige hundert Meter Richtung Süden, und man begegnet zuerst der kleinen Düne, die zunächst womöglich gar nicht wahrgenommen wird. Auf das etwas größere Exemplar trifft man 300 Meter weiter südlich. Wie gern toben Kinder und lebhafte Strandbesucher darauf herum. Allerdings ist das nicht erlaubt, denn wir befinden uns in einem Naturpark, in dem die Natur einen besonderen Schutz genießt.

Diese Dünen sind durch den ungehinderten, permanenten Luftstrom der Passatwinde über den flachsten Teil der Insel entstanden. Je nach Windrichtung wird der Sand so von Westen nach Osten transportiert, manchmal auch von Norden nach Süden. Nur Unebenheiten des Geländes und die spärliche Vegetation halten den Sandflug auf oder lenken ihn ab. Seit den 1980er Jahren beobachten Wissenschaftler die Entwicklung der Dünen und haben festgestellt, dass sie von 300–400 Meter Länge und circa 15 Meter Höhe sehr stark zusammengeschrumpft sind. Auch der Strand ist schmaler geworden. Man führt das nicht nur auf die zunehmende Bebauung der Küstenbereiche und der Autobahn zurück, die den Sandflug aufhalten. Auch der zunehmende Bewuchs des schmalsten Inselabschnittes wirkt wie eine Sperre. Die Ursache liegt darin, dass man eine Beweidung dieses Gebietes durch Kamele und Ziegen inzwischen weitgehend unterbunden hat. So konnte sich die Vegetation wieder erholen.

Unsere Düne jedenfalls bewegt sich unaufhörlich, verändert ständig ihre Form und ist besonders bei tief stehender Sonne durch den Schattenwurf ein echtes fotografisches Highlight. Da die Verkehrsführung von der Autobahn aus ständig umgestaltet wird, sollte man sich vorher die Anfahrt auf einer aktuellen Karte anschauen.

Adresse Playa de Sotavento / Playa de la Barca / Risco del Paso, 35627 Costa Calma | **Anfahrt** Die Autobahn aus Richtung Morro Jable an der Abfahrt Playa de Sotavento abfahren, an dem kleinen Kreisverkehr rechts ab. Aus Richtung Norden (Costa Calma) weiterfahren bis Ausfahrt El Salmo und die Autobahn ein Stück wieder zurückfahren. Dann wie oben. | **Tipp** An der Playa de la Barca kann man stundenlang den Kite- und Windsurfern beim Sport zuschauen oder am Strand entlangwandern.

29 Der Hotspot der Geschichte

In Matas Blancas war einst die Welt zu Ende

Wo heute die erste von zwei Autobahnausfahrten ins Feriendomizil Costa Calma führt, war bis vor circa 50 Jahren Schluss mit der Straße. Hier endete die Zivilisation. Der Rest war Abenteuer pur. Auch die Ureinwohner hatten hier ihre besondere Grenze. So verlief nämlich von La Pared bis Matas Blancas eine hohe Steinmauer, deren spärliche Reste noch erkennbar sind. Wohl eine alte Abgrenzung zum traditionellen Weidegebiet auf der Halbinsel Jandía.

Später nutzten die Inselbewohner diese Bucht mit ihren natürlichen Kalkmauern, die bis ins Meer hinausragten, als Hafen. Hier war der Umschlagplatz für Waren und Kalk, die per Esel oder Dromedar in und aus dem Süden transportiert wurden. Jegliche Art von Segelschiff landete hier. Auch Passagiere wurden verschifft. Im Laufe der Jahre entstand sogar eine kleine Streusiedlung. Mit dem Aufkommen der Motorboote und der Einrichtung besserer Hafenanlagen im Norden hatte Matas Blancas ausgedient, und die Anlagen wurden dem Meer überlassen.

Dann trat in den 1960er Jahren ein russischer Prinz auf den Plan und baute sich in dieser Bucht eine Ranch mit Wohngebäuden, Pferdeställen und einem zweistöckigen Turmhaus, welches einem typischen Kalkbrennofen ähnelt, der in der Nähe wohl auch gestanden hat. Er ist ganz aus Vulkangestein gebaut. Die Idee des Aristokraten Nicholas Brusilowski: Seine Gäste sollten stundenlange Ausritte an der Küste machen können. Die große Einweihung fand am 14. November 1965 statt, wie man es den historischen Zeitungen entnehmen kann.

Alles wunderbar, bis am 9. April 1970 das spanische Militär genau dort eine Militärübung mit insgesamt 1.500 Soldaten zu Land, zu Wasser und in der Luft abhielt. Das war die »Operation Jable-70«. Es wurde viel und scharf geschossen.

Adresse El Ranchillo, 35627 Costa Calma | **Anfahrt** Am südlichen Kreisverkehr von Costa Calma abfahren Richtung El Granadillo. Nach 50 Metern bereits links auf die Schotterpiste und auf die beflaggten Gebäude am Meer zufahren. Etwas weiter rechts befindet sich die Ranch mit einem gemauerten Türmchen aus Naturstein. | **Tipp** Gleich nebenan liegt die Speedbucht. Baden nur mit Vorsicht, Windsurf-Raser unterwegs.

30 Die Speed-Bucht

Das Must-go aller Speedsurfer

Windsurfer scheren sich bekanntlich weder um romantisches Ambiente, noch scheuen sie schwierige Anfahrten. So hat sich in den letzten Jahren kurz vor dem Mekka deutscher Touristen, der Costa Calma, zwischen ein paar Ruinen und Baracken ein kleines Speedsurf-Idyll herausgebildet. Strammer Wind und fehlende paradiesische Strände haben erfolgreich verhindert, dass sich hier ein weiteres gigantisches Hotel angesiedelt hat. Fast täglich bläst sich hier am späten Nachmittag der Wind ganz besonders auf und entlockt selbst den Hochgeschwindigkeitsfanatikern ein lautes Jauchzen. Atemberaubend schon allein das Zuschauen. Der 40-fache Weltmeister im Windsurfen, Björn Dunckerbeck von Gran Canaria, hatte vor einigen Jahren die Idee, hier eine einwöchige internationale GPS Speed Challenge auszurichten. Mit großem Erfolg. Und dann kam Corona. Obwohl die Pandemie schon längst vergessen ist und neue Veranstaltungen an der Küste immer schwieriger werden, wird privat fleißig weiter gespeedet. Als Trainingsstrecke für die ganz Harten ist die Matas Blancas ein ideales Terrain.

Jahrelang heizten die Windsurfer etwas weiter nördlich am Risco del Paso entlang. Immer allerdings mit der Gefahr, Badende und andere Surfer zu beeinträchtigen. Also war man umgesiedelt nach Matas Blancas, und das war eine sehr gute Wahl. Denn inzwischen hat sich daher hier ein kleines Surfcenter angesiedelt. Sogar die Inselregierung hat inzwischen große Pläne, in direkter Nachbarschaft Freizeitparks zu bauen – zumal hier ja seit Jahrzehnten eine nie in Betrieb gegangene Fischfabrik vor sich hin dämmert. Da dürfte allerdings der Konflikt vorprogrammiert sein, denn für Archäologen liegt hier eine wahrhaftige Goldgrube. Über Jahrhunderte wurde an und vor dieser Küste geankert, gekämpft, gefischt und gehandelt. Ein interessantes Kapitel Inselgeschichte gilt es hier noch zu entdecken.

Adresse Matas Blancas El Ranchillo, 35627 Costa Calma | Anfahrt Am südlichen Kreisverkehr von Costa Calma abfahren Richtung El Granadillo. Nach 50 Metern bereits links auf die Schotterpiste und auf die beflaggten Gebäude am Meer zufahren. | Tipp Ein Spaziergang an der Uferlinie birgt etwas Interessantes. Versteinerte Meeresfossilien, eingeschlossen in einen ebenfalls versteinerten Strand. Mindestens 127.000 Jahre alt.

31 Der Alte und der Neue Hafen

Wenn das Meer zu wild wird

El Cotillo hieß zu Zeiten der Eroberung El Roque – der Felsen – und war zu jener Zeit Hauptumschlagplatz für Sklaven. Man tauschte Nahrungsmittel gegen Menschen, Tiere gegen Kalk und alles, was einträglich war. Die Schiffe ankerten weit draußen und konnten nur mit Ruderbooten, durch die Klippen navigierend, anlanden.

Erst Jahrhunderte später, als die Bewohner der Insel in der Lage waren, sich kleine Boote zu bauen, wurde ein Hafen direkt in dem stetig wachsenden El Cotillo angelegt. Es entstand eine große steinerne Rampe, an der die Boote an Land gezogen werden konnten.

Der Fischfang gewann im Laufe der Jahre mehr an Bedeutung, da er eine wichtige zusätzliche Einnahmequelle für die Bevölkerung darstellte. Die Landwirtschaft reichte nach vielen Dürrejahren nur noch für den Eigenbedarf. Die vorgelagerten Felsen stellten allerdings für die Anlandung größerer Boote auch ein immer größeres Risiko dar. Nicht selten kam es zu schrecklichen Unglücken direkt vor der Haustür.

In den 1990er Jahren begann man mit dem Bau des Neuen Hafens etwas weiter nördlich. Nur lachte das Meer über die 1994 fertiggestellten Kaimauern und verleibte sich kurzerhand während eines Sturmes einen Großteil davon ein. Auch diverse Erhöhungen und Befestigungen waren den Stürmen und Wellen einfach nicht gewachsen. Inzwischen ist hier ein Bollwerk aus Wellenbrechern entstanden, das seine Wirkung nicht verfehlt.

Der Alte Hafen ist heute umrahmt von kleinen Restaurants und sympathischen Lädchen mit allerlei schönen Dingen. Und wer die Gelegenheit hat, eine der Sitzgelegenheiten unten an der Mole unterhalb der »Vaca Azul« zu ergattern, trinkt seinen Kaffee zu stürmischen Zeiten mit Meeresbrise. Außerdem lässt sich wunderbar die Tätigkeit an dem urigen Tischgestell beobachten.

Adresse Calle 3. de Abril 1979, 35650 El Cotillo | Anfahrt Über die FV 10 immer geradeaus in den Ort bis ans Meer, dann links in die Calle Caleta und Parkplatz suchen. Der Neue Hafen liegt direkt unten vor der Straße. Den Alten Hafen erreicht man zu Fuß rechts ab in die Calle Fuerteventura – nach circa 200 Metern ist man dort. | Tipp In jedem Fall lohnt sich der Besuch in den vielen kleinen originellen Boutiquen und Schmuckläden. Die Geschäfte sind üblicherweise zwischen 13 und 17 Uhr geschlossen, mit einigen Ausnahmen.

32 Die Fotos an der Wand

Kunst in den Gassen des angesagten Fischerortes

Ein kleines Touristen-Mekka ist El Cotillo schon längst geworden, das haben auch die alten einheimischen Fischer festgestellt. Halb nackte Frauen an der Wand! Das hat es früher nicht gegeben. Aber mit kanarischer Lässigkeit sitzen die alten Fischer bei ihrem »Cortado« mitten im Trubel der Gäste, schwatzen über alte Zeiten und spinnen ihr Seemannsgarn. Das hier ist ihr Revier, die harten Zeiten gehören längst der Vergangenheit an.

Die textilen Wandgestaltungen El Cotillos zeigen jedenfalls nichts davon. Vor einigen Jahren entdeckten die Bürgermeister einiger Inselgemeinden die Leidenschaft für Wandmalereien. Sie fanden sie ideal, um ihre Städte aufzupeppen, Bauruinen zu kaschieren und Touristen mit etwas zeitgenössischer Kunst im öffentlichen Raum anlocken zu können. Man suchte willige Hausbesitzer, kaufte Farbe, ließ einige Wände grundieren und lud Künstler zum Malen ein.

Dass diese Kunst sehr vergänglich ist, zeigt das Beispiel Gran Tarajal. Hier in El Cotillo war man schlauer: Man schrieb einen Fotowettbewerb aus, bedruckte textile Planen mit den schönsten maritimen Motiven und hängte sie an die Wände. Im Jahre 2011 entsann die »Grupo de Acción Costera« diverse Ideen zur nachhaltigen, künstlerischen Gestaltung der Küstenregionen unter dem Thema »Der Mensch und das Meer«. In Anbetracht dessen, dass den Malereien an den Hauswänden in Meeresnähe die salzige Brise stark zusetzen würde, war die Idee der textilen Gestaltung offensichtlich goldrichtig.

Bis heute trotzen sie Wind und Wetter nahezu unverändert und erzählen Geschichten von den Menschen am Meer. Von Alten und Jungen, von Traditionen und Sehnsüchten. Spaziert man durch die verwinkelten Gassen der im Wortsinne malerischen Innenstadt, begegnet man auf einmal einem Fischer mit seinem Netz, einer Meerjungfrau, die Yoga unter Wasser praktiziert, oder einem Sonnenuntergang über dem Meer.

Adresse Calle Santiago Hierro, 35650 El Cotillo | Anfahrt In El Cotillo Richtung Faro El Tostón fahren, dann die erste Gelegenheit links abfahren und Parkplatz suchen. Das Bild mit dem Fischer hängt direkt neben dem Restaurant »La Marisma«. | Tipp Fischessen ist ein Muss. Ein besonders originelles Restaurant ist die »Vaca Azul« – die blaue Kuh, direkt am Alten Hafen.

33 Das Museum

Fischfang am Fuße des Leuchtturmes

Das Leben der Menschen in dieser Halbwüste war immer schon unmittelbar mit dem Fischfang verknüpft. Sie hatten zwar nie große Fangflotten, aber genug Fang, um zu überleben. Besonders während der Dürreperioden stellte der Fisch eine der wichtigsten Nahrungsquellen für die Inselbevölkerung dar. Was heute im Überfluss auf den Tellern der Restaurants landet, wurde früher mühsam und unter Einsatz des Lebens dem Meer abgerungen. Besondere Kenntnisse der Eigenheiten des Meeres, geschicktes Navigieren und eine gehörige Portion Mut gehörten zu den wichtigsten Fertigkeiten eines Fischers. All das schildert dieses Museum besonders anschaulich. Gelegentlich wird auch ein Film über den Sardinenfang mit zwei kleinen Booten gezeigt. Da musste jeder Griff sitzen. Die Jungen lernten von den Alten.

Schaut man sich die zierlichen Fischerboote hier im Neuen Hafen an, hat sich an den Fangmethoden und den technischen Ausrüstungen nicht viel verändert. Man fängt mit Reusen, Angeln und kleinen Netzen. Trotz moderner Technik an Bord ist die Erfahrung eines Fischers ausschlaggebend für Erfolg und Gesundheit. Und immer noch ist der allmorgendliche Blick aufs Meer wichtiger als jede GPS-Information.

All diese wunderbaren Geschichten und Informationen, unterstützt mit eindrucksvollen Filmaufnahmen, findet man im »Museo de Pesca Tradicional« in der Nähe der beiden Leuchttürme von El Tostón, an der äußersten Nordwestspitze der Insel. Der Besucher wird eingeweiht in die Geheimnisse des Fischfangs mit der Caña, einer einfachen Rute aus Zuckerrohr, und man erfährt, wo sich der beliebte »Vieja« am liebsten aufhält.

Leider stand man in der Vergangenheit oft vor verschlossenen Türen, weil Personal fehlte oder dringende Reparaturmaßnahmen nicht in Gang kamen. Das soll sich jetzt aber ändern, denn die Museen der Insel haben nun ein neues, aktives Management.

Adresse Faro El Tostón, 35650 El Cotillo | **Anfahrt** In El Cotillo die Hauptstraße nehmen, bis zur rechten Hand der Wegweiser zum »Faro El Tostón« erscheint. Aus dem Ort rausfahren und den etwas kuriosen Wegen zum Leuchtturm folgen, der bereits von weit her sichtbar ist. | **Öffnungszeiten** Di–Sa 10–17 Uhr; bei Starkregen und Sturm immer geschlossen | **Tipp** Der alte graue Leuchtturm kann manchmal bestiegen werden. Das kleine Restaurant im Museum hat eine herrliche windgeschützte Außenterrasse.

34 Der Tostón

Mit einem Hafen und einer Zollstation fing es an

Zu den Buchten, in denen die erste Hafenanlage im Norden Fuerteventuras errichtet wurde, gehört die »Caleta de la Aduana«. Der Name bezieht sich auf die Häuser in dem ehemaligen Puerto del Tostón, die als Zollhäuser dienten. Es handelt sich um die beiden nördlichsten Buchten, kurz bevor man den Leuchtturm erreicht. Sie befinden sich zur linken Hand. Leider gibt es heute offensichtlich nicht einmal mehr Überreste der historischen Gebäude.

Der Tostón war eine alte Silbermünze portugiesischen Ursprungs. Die Ankunft dieser Münze auf den Kanarischen Inseln erfolgte im 16. Jahrhundert, insbesondere nachdem Portugal der Krone von Kastilien beigetreten war. Wegen der vielen falschen Münzen, die nach und nach in den Umlauf kamen, wurden am Ende des 18. Jahrhunderts auf Befehl des Königs alle Silbermünzen eingezogen.

Zu Beginn des 16. Jahrhunderts aber wurde Punta del Tostón zu einem Ausgangspunkt für Handelsschiffe, die die afrikanische Küste für ihre Sklavenfänge ansteuerten. In einer der Vereinbarungen des Cabildo von Fuerteventura im Jahre 1715 wird die Zollstelle in Puerto del Tostón erwähnt. Es sieht die Fertigstellung der Renovierung mehrerer Häuser im Hafen vor, die als Zollgebäude genutzt werden sollen. Es gab nur einen großen Nachteil an diesem Standort: In der Zollstelle gab es kein frisches Wasser für die Trinkwasserversorgung. Sie mussten Trinkwasser von Brunnen holen, die in Punta Gorda, etwa drei Meilen entfernt, in der Nähe von Corralejo aufgestellt waren. Das war der erste Ort, an dem die von Lanzarote kommenden Schiffe Schutz finden konnten. Er galt als ein gutes Versteck. Später dann, im 19. Jahrhundert, blockierte immer mehr Sand die Einfahrt.

Das war dann der Anlass zum Bau eines neuen Hafens weiter südlich. Man nannte ihn »El Puerto del Roque«. Dieser befand sich in unmittelbarer Nähe des Alten Hafens von El Cotillo, dort wo heute der Turm »Castillo de Tostón« besichtigt werden kann.

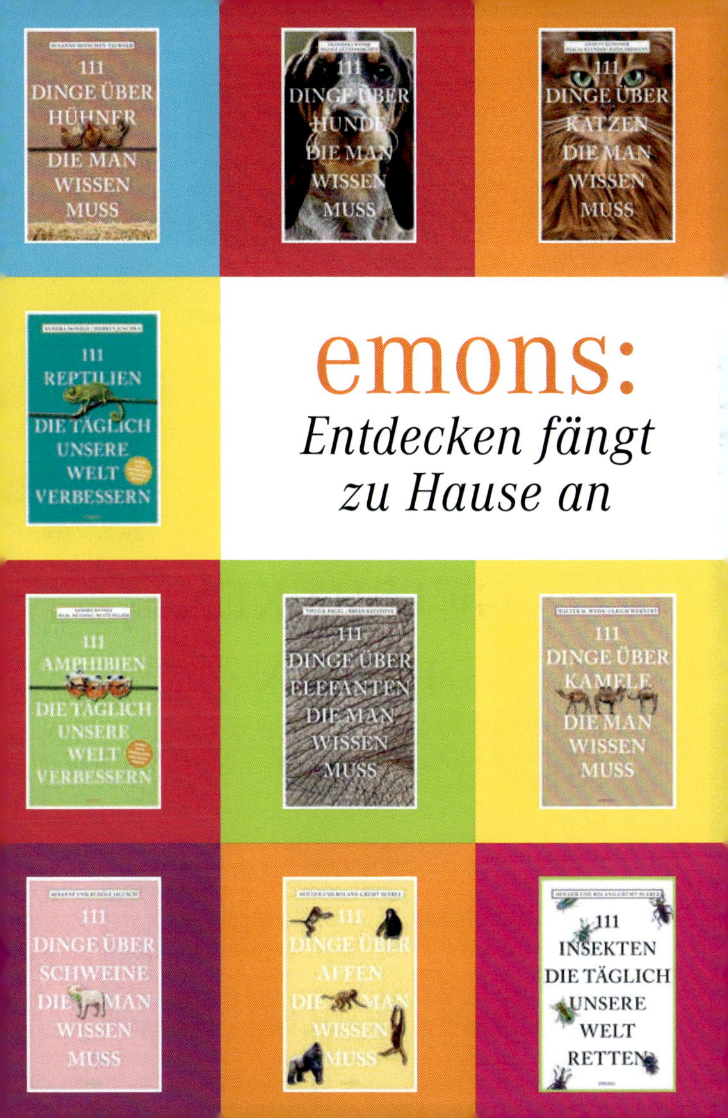
111 DINGE ÜBER HÜHNER DIE MAN WISSEN MUSS
111 DINGE ÜBER HUNDE DIE MAN WISSEN MUSS
111 DINGE ÜBER KATZEN DIE MAN WISSEN MUSS
111 REPTILIEN DIE TÄGLICH UNSERE WELT VERBESSERN
emons:
Entdecken fängt zu Hause an
111 AMPHIBIEN DIE TÄGLICH UNSERE WELT VERBESSERN
111 DINGE ÜBER ELEFANTEN DIE MAN WISSEN MUSS
111 DINGE ÜBER KAMELE DIE MAN WISSEN MUSS
111 DINGE ÜBER SCHWEINE DIE MAN WISSEN MUSS
111 DINGE ÜBER AFFEN DIE MAN WISSEN MUSS
111 INSEKTEN DIE TÄGLICH UNSERE WELT RETTEN

ISBN 978-3-7408-1632-2

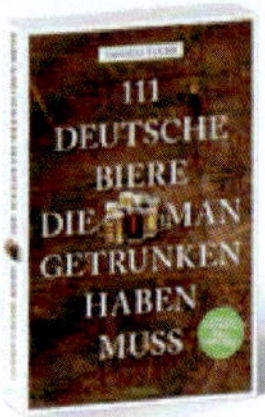

ISBN 978-3-7408-1801-2

ISBN 978-3-7408-1838-8

111 DRINKS DIE MAN GETRUNKEN HABEN MUSS

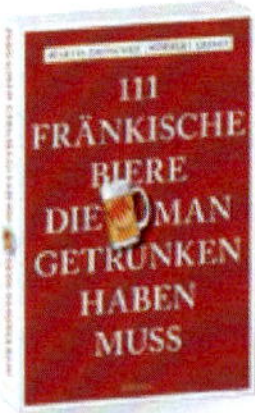

ISBN 978-3-7408-1835-7

FÜR
18,00 €
(A) 18,60 €

ISBN 978-3-7408-1222-5

ISBN 978-3-7408-1741-1

ISBN 978-3-7408-1069-6

Adresse Faro El Tostón, 35650 El Cotillo | Anfahrt In El Cotillo die Hauptstraße, bis zur rechten Hand der Wegweiser zum »Faro El Tostón« erscheint. Aus dem Ort hinaus und dem etwas kuriosen Straßenverlauf zum Leuchtturm folgen, der bereits von weit her sichtbar ist. Am Leuchtturm parken. Die letzten beiden Buchten südwestlich sind es. | Tipp Eine ausgezeichnete Wanderung entlang der Nordküste beginnt genau hier. Man geht oder radelt Richtung Osten immer der Küste entlang bis Majanicho oder bis nach Corralejo.

35 Die Treppe zum Meer

Der Abstieg an den Strand des Adlers ohne Adler

Eines steht fest: Überall dort, wo man mit dem Auto an die Küste fahren kann, haben sich die Tiere zurückgezogen. Die »Playa de Águila« – der Strand des Adlers, so der Name dieser Bucht mit Traumstand, ist schon lange nicht mehr Nistplatz dieser scheuen Vögel. Ihr einstiges Beutetier, die Tauben, haben diese Lücke gefüllt und vermehren sich prächtig. Spätestens seit sich, lange bevor der Tourismus Einzug in Fuerteventura hielt, einige Anwohner der nahe gelegenen »Aussteigerfinca« eine Steintreppe an dieser vorher unüberwindbaren Steilküste hinunter an den Strand gebaut haben, verschwand der scheue Vogel. Bis heute ist kein nistendes Vogelpaar mehr auf der Insel gesichtet worden.

Über dieser Treppe lag ein Fluch. Das künstliche Bauwerk hielt den Kräften des Meeres nicht lange stand. Wie viele Kaimauern und Hafenmolen an der Westküste zerbrachen und weggespült wurden, so erging es auch dieser Treppe. Sie brach zusammen, es fehlten Stufen und Geländer. Was aber die Inselbesucher nicht abhielt, regelmäßig dort hinunterzuklettern. Da nützten auch die vielen Verbotsschilder nichts.

Nun hat die Gemeinde eine Holztreppe errichtet, und man darf gespannt sein, wie lange es diese an dem windigen Posten aushalten wird. Denn eines darf man nicht vergessen: Jedes Jahr im Herbst rollen hier die Riesenwellen an und nehmen alles rücksichtslos mit sich. So auch den Traumstrand, der zum Entsetzen vieler Besucher den Winter über fast völlig verschwunden ist und erst im Frühjahr wieder auftaucht.

Dennoch ist eine Wanderung, weil Mietwagen dort nicht fahren dürfen, vom neuen Hafen El Cotillo bis zur Treppe entlang der Küste ein echtes kleines Abenteuer. Nur vom Baden, auch wenn die Sirenen aus dem Meer noch so sehr rufen, ist dringend abzuraten. Nicht nur die Wellen, sondern auch die Unterströmung ist selbst für einen guten Schwimmer lebensbedrohend.

Adresse Playa de Águila, 35650 El Cotillo | Anfahrt In El Cotillo geradeaus bis ans Meer. Dann links und in der Nähe des Festungsturmes parken. Von hier aus die Küste südlich wandern, bis nach circa einem Kilometer die Treppe auftaucht. | Tipp Von hier aus noch circa 500 Meter weiter bis zur Playa de Esquinzo wandern.

36 Die originelle Bushaltestelle

Warum in die Ferne schweifen? Nimm, was herumliegt!

Da lohnt es sich tatsächlich anzuhalten, um genauer hinzuschauen. Eine der originellsten alten Bushaltestellen, die bislang noch nicht dem Modernisierungswahn zum Opfer gefallen ist.

Fuerteventura ist unter Fachleuten bekannt für seine Architektur der Zweckmäßigkeit. Ein Felsen ersetzt eine Hausmauer, denn das spart Material. Ein in die Erde gegrabenes Loch war ideal für Nutztiere, weil schön kühl und schattig. Ein halbierter Palmenstamm ersetzte den Türsturz. Und überhaupt nutzte man für den Hausbau einfach nur das, was in der Umgebung zu finden war. Wer mit offenen Augen über die Insel fährt, findet viele solcher Beispiele. Und fragt man ältere Bewohner auf dem Lande, so klagen sie nie über eine primitive Behausung. Man war und ist immer noch genügsam und war froh über ein schattenspendendes Dach über dem Kopf.

Welchem Umstand es auch immer zu verdanken ist, dass sich dieses originelle, noch voll funktionsfähige Buswartehäuschen bis heute gehalten hat, bleibt offen. Denn eigentlich wächst ja eine lebende Palme in die Höhe und würde das Dach mitnehmen, aber das scheint sich anzupassen.

Bushaltestellen dienen auf Fuerteventura in der Regel dem Schutz vor Sonne und Wind. Da man angeblich nie auf das Einschreiten der Inselregierung warten wollte, zimmerten sich die Anrainer ihre Schutzhütten selbst. Und da entstanden die lustigsten Kreationen. Eine Fahrt über die Insel mit einem öffentlichen Bus ist ein Erlebnis und kann nur empfohlen werden. Eine Besonderheit: Der Linienbus hat keinen festen Zeitplan! Lediglich die Abfahrtzeit an den großen Busbahnhäfen in Corralejo, Puerto del Rosario oder Morro Jable steht auf dem Plan. Auf seiner vorgeschriebenen Tour hält der Chauffeur nur dann, wenn jemand an der Haltestelle steht. Da sollte man lieber etwas früher bereitstehen und Wartezeit in Kauf nehmen.

Adresse FV 4 Höhe Abzweigung FV 512 nach Las Playitas, 35620 Gran Tarajal | Anfahrt vor Gran Tarajal links kurz vor der Abfahrt nach Las Playitas | Tipp Ein kurzer Abstecher nach Las Playitas lohnt sich immer.

37_Die Cofradía

Vom Kutter direkt auf den Ladentisch

Natürlich ist der Laden der »Cofradía Pescadores« – der Fischereigenossenschaft – am Hafen für alle zugänglich. Hier können auch Touristen und Einheimische fangfrischen Fisch des Tages für zu Hause kaufen. Der Kunde wird fachkundig beraten, der Fisch wunschgemäß gesäubert und sogar filetiert. Nur, wann es welchen Fisch zu kaufen gibt, bleibt zunächst das Geheimnis der Inselbewohner. Denn bereits auf dem Weg zurück in den Heimathafen funken die Fischer die Details ihres Fangs an die Genossenschaft, und die informiert natürlich zuerst ihre Großkunden wie Supermärkte und Restaurants. Und wenn dann ein Thunfisch an die Angel gegangen ist, dann bildet sich auch schon mal eine Schlange vor der Ladentür.

Alles ist ganz klar geregelt, seit der Gründung garantiert die Genossenschaft, dass der Fang für jeden Fischer notiert wird und nur zugelassene Ware in den Handel kommt. Auch der Preis wird hier festgesetzt. Ein Restaurant oder ein Supermarkt darf nur offiziell bei der Cofradía de Pescadores einkaufen und der Fischer nicht nebenbei handeln. Und noch mehr haben sich die Genossenschaften in ihre Statuten geschrieben, die seit ungefähr 30 Jahren wirken: Man hat sich für eine nachhaltige Fischerei entschieden, hat Fanggeräte wie Netze, Langleinen und Trommelnetze entfernt und sich verpflichtet zur Einhaltung von Mindestgrößen und zur Kontrolle der Ressourcen. Die Fischer arbeiten im Kollektiv und regeln sich selbst. Es wird oft nur nach Bedarf gefischt, was von den Großabnehmern wie Supermärkten, Hotels oder Restaurants im Vorfeld nachgefragt wird. So bleibt möglichst wenig übrig. Dazu werden Fangquoten festgesetzt, denn Fisch ist im Meer am besten haltbar. »Wir fischen, was wir zum Leben und zur Versorgung des Marktes brauchen. Töten um des Tötens willen ist nicht unsere Politik«, sagt Juan Ramón Roger, Chef der hiesigen Genossenschaft.

Adresse Puerto Gran Tarajal, 35620 Gran Tarajal | **Anfahrt** Gran Tarajal Hauptstraße bis Ende, dann rechts halten, Calle Juan Carlos I., links in die Calle Gran Canaria, im Kreisverkehr die 2. rechts | **Tipp** Besuch im Fischrestaurant im selben Gebäude.

38 Die Statue

Die Tomatenfrau erinnert an goldene Zeiten

Einst war sie ein Exportschlager, die Fuerteventura-Tomate! Inselbesucher aus den letzten Jahren des vorigen Jahrhunderts schwärmen heute noch von ihr: saftig, fruchtig und leicht süßlich. Ihre Kultur fand in Gewächshäusern statt, um den permanenten Wind abzuhalten. Baute man sie im Freiland an, musste sich die Frucht schützen und produzierte eine harte Schale. Außerdem musste im Zelt weniger gewässert werden, weil die Verdunstung nicht so hoch ist. Bewässert wurde zunächst mit Brunnenwasser aus den Tiefenbrunnen, zutage gefördert mit Windmühlen. Je nach Anbaugebiet konnte das Quellwasser auch mal etwas salzig sein. Das wiederum machte der Tomate nichts aus, im Gegenteil, sie dankte es mit einem süßlichen Aroma.

Sie entwickelte sich zu einem Renner. Die Kunde über ihren besonderen Geschmack verbreitete sich schnell auch in Übersee, Plantagen wuchsen, und der kleine Hafen von Gran Tarajal an der Ostküste wurde zum Hauptumschlagplatz für den Tomatenhandel. Die Hauptarbeit leisteten während dieser Zeit die Frauen. Im Andenken an diese harte körperliche Arbeit, die von den Frauen neben Haushalt und Kinderpflege verrichtet wurde, errichtete die Inselregierung vor einigen Jahren diese Bronzestatue. Auf ihrem Kopf balanciert die Frau einen Korb voller Tomaten.

Der Hafen von Gran Tarajal war bis in die 1950er Jahre einer der wichtigsten Umschlagplätze für Waren aus der Landwirtschaft. Dann wurde es immer stiller. Die Ansprüche der Abnehmer wuchsen, die Tomaten waren nicht mehr gut genug und konnten in anderen Ländern preiswerter hergestellt werden. Neue Züchtungen sollten es richten, hatten aber lange nicht mehr den typischen Geschmack. Außerdem verschlechterte sich die Bodenqualität im Umland rapide durch die Überbeanspruchung und machte es der Konkurrenz in Übersee leicht, in die Lücke zu stoßen.

Wer sich ein Bild machen möchte: In dem kleinen Restaurant namens Cofradía am Hafen hängen viele Schwarz-Weiß-Fotos.

Adresse Avenida Paco Hierro in Höhe des Spielplatzes, 35620 Gran Tarajal | Anfahrt In Gran Tarajal vom Parkplatz am Hafen zu Fuß die Strandpromenade Richtung Norden. Die Statue steht vor dem Kinderspielplatz. | Tipp Unbedingt das selbst gemachte Speiseeis beim Italiener »Pomodoro« an der Promenade probieren. Mo und Di geschlossen.

39__Die Wandmalereien

Der Zahn der Zeit oder: Kunst ist vergänglich

Auch wenn sie schon etwas verblasst sind, die gigantischen Wandgemälde zum Thema Meer und Klimawandel sind immer noch einfach beeindruckend. Man schaue sich nur das Dromedar in der Nähe des großen Supermarktes einmal genauer an. Der Anstieg des Meeresspiegels ist auch hier das Thema. Eine Stadt ist bereits untergegangen, aber das Nutztier, ohne das die schwere Arbeit auf der Insel von den Bewohnern in den letzten Jahrhunderten nicht hätte bewältigt werden können, ist wieder einmal der Retter in der Not. In den letzten beiden Jahren sind einige Texte als Wandgemälde dazugekommen, die man sich ruhig mal mit einem Online-Übersetzer näher anschauen sollte.

Eine genüssliche Runde durch die Stadt, die sich vor der Wandmalerei wohl niemand genauer anschauen wollte. Nun aber Staunen und Raunen, Urlauber kommen, die Einheimischen eher lässig und unaufgeregt. Die Hausbesitzer freuten sich über eine kostenlose, wetterfeste Fassade, und die Stadt ist bunter und attraktiver geworden. Nur leider ist die Bausubstanz der vergangenen 20 Jahre nicht besonders tragfähig. Einige Gemälde fangen an zu leben, sie blühen! Salpeter ist der einfache Grund. Schlecht gewaschener Sand und nicht richtig abgebundener Zement. Viele Hausbesitzer auf der Insel können ein Lied davon singen – schnell und preiswert gebaut, und Jahre später bekommt man die Quittung. Viele undichte Wasserleitungen in den Wänden tun ihr Übriges. Aber Verfall schafft Platz für Neues. Und schon jetzt gibt es viel Neues zu entdecken.

Gran Tarajal ist für die Gemeinde Tuineje ein zentraler Ort, wo man wirklich alles erledigen kann und an jeder Straßenecke ein Café wartet, in dem man sich von den anstrengenden Erledigungen erholen kann. Der ein Kilometer lange weiche Sandstrand bietet ideale Bademöglichkeiten in dieser geschützten Bucht. Der dunkelgraue Sand lässt fein geriebenes Vulkangestein erkennen.

Adresse Calle Amanay (Foto), 35620 Gran Tarajal | **Anfahrt** In Gran Tarajal am ersten Kreisverkehr nach links raus, nächste rechts, nächste Möglichkeit links. Großer Parkplatz, von hier aus die Stadt erkunden. | **Tipp** Ein Besuch im Kaufhaus Cabrera an der Promenade garantiert so manch gutes Schnäppchen.

40 Die Römer auf der Insel

Ein Riesenaufwand für die Mode

Weniger eine militärische Aktion als vielmehr eine ganz profane Idee trieb die Römer in die Ferne. Bei der archäologischen Fundstätte auf der Insel Lobos handelt es sich um eine Handwerkersiedlung, in der römische Arbeiter lebten und arbeiteten, um ein wertvolles Produkt zu gewinnen. Die ältesten bis jetzt gefundenen Relikte auf der kleinen Insel konnten die Archäologen auf das Jahr 1 nach Christi Geburt datieren. Was nun trieb die Menschen vor mehr als 2.000 Jahren so weit weg von der Heimat?

Der Farbstoff Purpur war damals das Symbol für Luxus und Macht schlechthin. Neue Quellen mussten erschlossen werden. Da die Römer durchaus seetüchtig waren, wurde die Welt erforscht, noch lange bevor sich Kolumbus auf den Weg machte. Die wirklich Leidtragenden dieser Expeditionen waren die Purpurschnecken, die hier auf Lobos in großer Zahl vorkamen. Sie wurden gesammelt, gekocht und aus ihnen der rote Farbstoff extrahiert.

All das belegen die archäologischen Funde. Die Erkenntnisse daraus erlauben es, die Insel Lobos zunächst als die südliche Grenze der römischen Wirtschaftsinteressen zu bestimmen. Die Wissenschaftler sind sich einig, dass es sich hier um eine ganz besonders exotische archäologische Fundstätte handelt, zumal bisher kein Material gefunden wurde, welches mit der Kultur der kanarischen Ureinwohner in Verbindung gebracht werden konnte. Einzig und allein Gegenstände aus dem römischen Alltag wurden geborgen. Erst viele Jahrhunderte später nutzten die normannischen Truppen Lobos als Zwischenstation für ihre Eroberungszüge Richtung Fuerteventura.

Bisher wird die Fundstätte ganz einfach durch einen Bauzaun vor allzu neugierigen Touristen geschützt. Einen interessanten Einblick in die »Sandkastenspiele« der Archäologen gibt es allemal. Man plant in naher Zukunft, die Insel Lobos zu einem Freilichtmuseum zu machen, denn Besuchsverbote zum Schutz der Natur haben bisher nichts gebracht.

Adresse Isla de Lobos, 35660 Isla de Lobos | Anfahrt Ab Hafen Corralejo mit einem der lizenzierten Ausflugsboote. Achtung: Fragen Sie, ob der Landgang dabei ist, sonst kann man die Insel von außen umrunden. | Tipp Eine kleine Wanderung um den Vulkan von Lobos und/oder eine Fahrt mit dem Glasbodenboot und sich die Unterwasserwelt anschauen.

41 Der Kreisel zum Innehalten

El Camino – wohin werden wir gehen?

Dreißig Tonkinder blicken in den Himmel. Diese rätselhaften Figuren im Kreisverkehr beim Hotel »Aldiana« gaben schon viel Grund zur Spekulation und sind immer wieder auch Stein des Anstoßes. Kunst will aber auch zur Diskussion anregen und provozieren. Das Einzige, was die kubanische Künstlerin Lisbet Fernández Ramos sehr erbost, ist die mutwillige Zerstörung. Das passierte seit der Errichtung im Jahre 2007 etliche Male. Da die Verankerung im Fundament fest ist, wurden einigen Kindern unter anderem die Beine abgerissen und die Körper verschleppt und in der Nähe zertrümmert.

Das eigentlich Tragische an dieser Zerstörung ist, dass es sich bei den Gesichtern um originalgetreue Porträts von Kindern aus der Umgebung handelt, deren Eltern sich freuten, an diesem Projekt beteiligt zu sein. So steht jede Figur für einen realen jungen Menschen, der hoffnungsvoll in den Himmel, also in die Zukunft, blickt. »Sie sind wie Pflanzen auf der Suche nach Licht«, so die Künstlerin in einem Interview. Die männlichen und weiblichen Figuren sind bei näherem Hinsehen multikulturell, wie die Insel selbst. Sucht man sich einen Parkplatz in der Nähe des Hotels und besteigt den gegenüberliegenden kleinen Berg, hat man ein zusätzliches Bild: Die gesamte Fläche des Kreisverkehrs stellt das Yin-Yang-Zeichen dar.

Wer sich noch genauer mit den Figuren und seiner Künstlerin beschäftigen möchte, trifft Lisbet Fernández regelmäßig auf dem Bauernmarkt sonntags in La Lajita. Dort können Miniaturen ihrer Tonfiguren erworben werden, und als allerneueste Attraktion fertigt sie auch Figuren nach Kundenwünschen, mit dem Porträt der Kinder oder Enkel. Seit fast 15 Jahren lebt die gebürtige Kubanerin mit ihrem Mann Rafael Gomez, der ebenfalls Künstler und Bildhauer ist, auf Fuerteventura und öffnet gern ihr neues Atelier in Tuineje für interessierte Besucher.

Adresse Kreisverkehr Jandía / Aldiana, 35626 Jandía | **Anfahrt** Autobahnende, der Kreisverkehr gegenüber dem Hotel »Aldiana«, dort neben dem Hotel parken | **Öffnungszeiten** Anmeldung unter www.lisbetfernandez.es (Atelier) | **Tipp** Die Seitenstraße vom Hotel hinunter bis an den Strand gehen. Einer der schönsten Badeplätze wartet dort.

42 Das Paradies für Frauen

Ramons Edelsteinmuseum

So leuchtet dem Besucher des Cosmo-Einkaufcenters die Werbung auf knallroten Werbetafeln in sechs Sprachen entgegen. Der stolze Besitzer eines wahren Edelsteinimperiums ist ein echter Spanier, spricht fließend Deutsch und beherrscht dabei alle Regeln der Überzeugungskunst. Wer bereits von dem riesenhaften Amethyst in Rohfassung am Eingang beeindruckt ist, das Innenleben erstaunt umso mehr. Knapp am Rande zum Kitsch findet man hier nahezu alles an Edelsteinen, Perlen, Natursteinen, Fossilien, Muscheln und natürlich Heilsteine in allen Größen. Verarbeitet werden die Edelsteine größtenteils zu Schmuck, aber auch geschnitzte Schildkröten, Kamele, Buddhas und natürlich Ziegen sind dabei. Gefertigt wird in Peru, denn dort sitzen angeblich die besten Künstler.

Die internationalen Edelsteinmessen sind das Parkett von Ramón Reyes Quintana. Er kauft, tauscht, verkauft und ist ein echter Kenner seiner Branche. Im Jahre 1987 gründete er die Firma »Ramon's Musseum«. Jawohl, geschrieben mit doppeltem s, und somit unverwechselbar wie sein Besitzer. Zunächst bezog man ein kleineres Geschäft an der Avenida Saladar nahe der alten Hotelanlage »Stella Canaris«. Und seit 2022 strahlen nun die bunten Steine in den großen, hellen Räumen des Cosmo-Einkaufcenters um die Wette. Der Umzug muss eine echte Herausforderung gewesen sein. Der mannshohe Rohamethyst im Eingangsbereich war nur mit einem Spezialgerät zu transportieren.

Ramón lässt es sich nicht nehmen, Sonderwünsche selbst herzustellen oder zu ändern. Und jeder Kunde sollte hier seinen Stein für Glück und Reichtum finden. Außerdem ist dieses Geschäft spezialisiert auf Shungite-Steine. Sie sollen angeblich eine antibakterielle Wirkung haben, auch Trinkwasser reinigen und dieses mit wichtigen Mineralien anreichern. Nur am Werbeslogan könnte man noch etwas feilen, denn dies ist mit Sicherheit ein Paradies für alle Geschlechter.

Adresse Avenida Saladar / Cosmo-Center, 35626 Jandía | Anfahrt In Jandía die Einkaufsstraße (Hauptdurchgangsstraße) bis zum Ende fahren. Dann rechts auf einem wilden Parkplatz einen Platz suchen und von hier aus die Treppe zum Center hinauf. Geschäft ist gleich links vorn. | Tipp Eiscafé Magdalena, bekannt für das geniale Spaghetti-Eis, und die Besitzer sind Darsteller einer Auswanderer-Serie. Etwas weiter zu Fuß die Straße hinunter, dann links Richtung Meer.

43_Das perfekte Walskelett

Die gigantischen Riesen landen niemals lebend

Die Ausstellung der Walskelette, von denen es auf der Insel eine beträchtliche Anzahl gibt, hat eher geringen dekorativen Charakter. Aber man möchte die Artenvielfalt in den Gewässern rund um Fuerteventura herausstellen und den Besuchern verdeutlichen, wie sensibel die Unterwasserwelt auf Eingriffe durch den Menschen reagiert. So vermuten Meeresbiologen seit Längerem, dass die zunehmende Anzahl der Ausflugsschiffe, die hinausfahren, um Delfine oder Wale zu beobachten, wohl nur für die Menschen ein Vergnügen darstellen würde.

Jeder dritte angeschwemmte Wal ist an den Folgen menschlichen Handelns verendet, so das zuständige Veterinärinstitut auf Gran Canaria, welches sämtliche auf den östlichen Kanaren angeschwemmten Wale untersucht. Bei den nicht natürlichen Todesfällen handelt es sich um Kollisionen mit Schiffen und Fangleinen. Und auch hatten zwei Prozent der verendeten Tiere Fremdmaterial im Körper, welches zum Tode führte.

Am Rande des Saladar, der Naturschutz-Salzwiese vor dem Strand von Jandía, thront das perfekte Knochengerüst eines 15 Meter langen Pottwals. Er war im Jahre 2005 etwas weiter nördlich bei Matas Blancas nahe Costa Calma gestrandet. Weitere Skelette stehen in El Cotillo, Salinas del Carmen, Gran Tarajal und an der Hafenpromenade in Puerto del Rosario. Jedes von einer anderen Walspezies.

Zum Schluss eine kleine Anekdote: Tagelang lag der Kadaver des gestrandeten Wals am Ufer vom Matas Blancas, bevor er fachgerecht mit passendem Gerät geborgen werden konnte. Er schmorte in der Sonne vor sich hin. Ein Selfie mit dem Walkadaver geriet für einen Neugierigen zu einem Desaster. Nicht einmal der bestialische Gestank hielt ihn davon ab, auf das tote Tier hinaufzuklettern. Wie ein Großwildjäger wollte er sich online präsentieren und rutschte dabei in den Kadaver hinein. Er muss noch Wochen danach gestunken haben.

Adresse Playa de Jandía / Avenida de Saladar, 35626 Jandía | **Anfahrt** Von der Autobahn kommend immer geradeaus, circa 300 Meter nach dem Shoppingcenter einen Parkplatz suchen. Das Skelett befindet sich weit sichtbar auf den Grünflächen vor dem Meer. | **Tipp** Die Promenade geradeaus, dann links über den Holzsteg zum Leuchtturm von Jandía, dort eine Strandbar aufsuchen.

44 Die Willy-Brandt-Statue

Wo der Bundeskanzler die Touristenwelle auslöste

An diesem Ort erinnert eine kleine Allee mit Infotafeln und eine Bronzestatue an eine Begebenheit, die wohl nur den wenigsten Inselbesuchern in Erinnerung sein dürfte. Als Mallorca schon längst das Reiseziel vieler sonnenhungriger deutscher Urlauber war und Teneriffa gerade entdeckt wurde, lag Fuerteventura noch im Dornröschenschlaf. Die Sandstrände gehörten den einheimischen Fischern, Trinkwasser war knapp, Kommunikation lief über den Telegrafen, und Strom wurde mit einem Dieselgenerator erzeugt. Von einer sinnvollen, touristischen Infrastruktur war man also meilenweit entfernt.

Ganz bewusst wählte der damalige Bundeskanzler Willy Brandt 1972/73 diese einsame Insel im Atlantik, um seine hartnäckige Erkältung auszukurieren. Die Familie reiste mit, auch im Schlepptau ein Tross von Korrespondenten und Journalisten, die für einzigartige Schnappschüsse und Anekdoten sorgten. Die deutsche Presse berichtete mit Wohlwollen, und bereits kurze Zeit später inspizierten die ersten Pauschalreiseanbieter diese traumhaften Sandstrände.

In der Kritik stand der SPD-Politiker damals wegen seines Entschlusses, ein von General Francos faschistischer Militärdiktatur beherrschtes Land zu besuchen. Auch wenn er privat reiste, wollte er doch dem spanischen Volk zeigen, dass die westliche Demokratie sie nicht vergessen wird. Die nachfolgenden Ereignisse gaben Willy Brandt recht. Nach dem Tod Francos 1975 war der Weg frei für demokratische Wahlen, und mit dem gewählten sozial-demokratischen Präsidenten Felipe Gonzáles verband Brandt lebenslang eine politische Freundschaft.

Nun gab es denn im Jahre 2017 ein großes Fest mit einem zweitägigen Kolloquium. Die Bedeutung des deutschen Tourismus für die Insel wurde betont und eine Bronzestatue des Bildhauers Rafael Gomez enthüllt, die heute noch eines der beliebtesten Fotomodelle des Inselsüdens ist.

Adresse Paseo Willy Brandt, 35626 Jandía | **Anfahrt** Die Avenida Saladar bis zum Cosmo-Shoppingcenter fahren, dort parken und die Straße überqueren. Auf der Meerseite vom Robinson Playa befinden sich die Objekte. | **Tipp** Am Strand entlang in Richtung des alten Ortskerns von Morro Jable und dort eines der tollen Fischrestaurants testen.

45 Die Winter-Landhäuser

Nie bessere Zeiten für die »Casas de Jorós«

Wir befinden uns jetzt genau an dem Ort, wo ein Komitee von Ziegen die Touristen auf ihrem Weg nach Cofete abfängt. Völlig furchtlos wird in geöffnete Autoscheiben geschnuppert, verlässt der Mensch sein Fahrzeug und lässt die Tür offen, klettert schon mal ein Tier hinein. Überhaupt ein skurriler Ort voller Unordnung und alter Mauern, vertrockneter Palmwedel, Ruinen und großer Gebäude. Was uns völlig verwahrlost erscheint, ist den Ziegen ein willkommener Unterschlupf zum Schutz vor Wind und Sonne.

Wer genauer hinschaut, entdeckt Brunnenanlagen, Wasserdepots und Terrassen. Diese sind als Felder angelegt und durch Mauern gegen den permanenten Wind geschützt. Aktuell dienen sie Eseln und einigem Geflügel als Gehege. Eine Halle für Gerätschaften ist ebenfalls auszumachen. Einige Wohnhäuser auf der anderen Straßenseite, die damals für die Mitarbeiter gedacht waren, sind heute noch vorhanden und bewohnt. Allein schon deswegen sollte man die Privatsphäre respektieren und die Gebäudeteile nicht betreten.

Erbaut wurde diese landwirtschaftliche Anlage nach dem Zweiten Weltkrieg vom damaligen Verwalter der Halbinsel Jandía, dem legendären und sehr umstrittenen Deutschen Gustav Winter. Hier wurden Tomaten und Luzerne im großen Stil angebaut. Die Ware wurde in den 50 Kilometer entfernten Hafen von Gran Tarajal gebracht und von dort aus für den Export verschifft. Warum die Plantage aufgegeben wurde, lässt sich nur vermuten. Mangelnde Pflege, schlechte Ernten und fehlendes Personal sowie unzuverlässige Niederschläge können die Gründe gewesen sein. Zumal die von Winter erhoffte Erschließung des Südens nie stattgefunden hat, wie man unschwer erkennen kann. So trostlos die Gegend erscheinen mag, ein kleiner Spaziergang hinunter zum Meer lohnt sich mit Sicherheit. Die Gegend ist so gut wie menschenleer. Man sollte sein Auto sicher abstellen.

Adresse Halbinsel Jandía/Carretera Punta de Jandía, 35626 Jandía | Anfahrt Morro Jable zunächst Richtung Hafen fahren. Vorher rechts auf die Straße nach Cofete. Am Friedhof vorbei und circa fünf Kilometer fahren. | Tipp Wer vernünftige Schuhe anhat, sollte unbedingt hier zum Meer hinunterwandern. Es wartet einer der exotischsten Strände der Insel!

46 Der Gourmet-Tempel

Schlemmen im Gewächshaus

Diesen Ort muss jeder Veganer einmal in seinem Urlaub anlaufen, und auch Vegetarier sowie Protein-Junkies kommen hier voll auf ihre Kosten. Der Gründer, Chefkoch und Bio-Gemüsebauer Alexis Morales, betreibt unter äußerst engagierter Mithilfe seiner gesamten Familie ein Restaurant in seinem eigenen Gewächshaus. Kurze Wege also. Frischer geht es nicht. Und es kommt nur auf den Tisch, was gerade reif ist. So könnte man in Kürze das Prinzip dieses Restaurants beschreiben.

Aber das ist längst noch nicht alles. Da ist noch die große Leidenschaft fürs Kochen, die man bei jeder Gabel herausschmeckt. Die Menüs, die wöchentlich neu festgelegt werden (da gibt es nur eines), sind ein wahrer Augenschmaus. Bunt dekoriert mit essbaren Blumen: jawohl, Kapuzinerkresse, Stiefmütterchen- und Rosenblüten aus diesem Garten kann man essen. Die fachkundige und äußerst amüsante Bedienung serviert und erklärt ausführlich das Fünf-Gänge-Menü, welches man da gerade zu sich nimmt. Und das ist gut so, denn die Zusammenstellungen und Zubereitungen der Speisen sind sehr speziell und werden in der Experimentierküche der Familie Morales immer wieder neu kreiert.

Und das Beste: Alles, was auf den Tisch kommt, hat Bioqualität. Sogar der Wein! Der allerdings nicht aus dem Garten kommt. Zwischen den Gängen kann man sich eine kleine Pause bestellen und einen Rundgang durch den Gemüsegarten machen. Die schönen Monarchfalter schweben herum, Wasserschildkröten sonnen sich in einem kleinen Tümpel, zierliche Kanarenschmätzer bedienen sich an den Raupen, und zum Entzücken der Kinder schwabbeln Goldfische in einem Teich herum. Ab und zu gibt es spanische Gitarrenmusik – laut und live.

So manch einer hat hier schon seine Vorurteile bezüglich veganer Ernährung über Bord geworfen. Eine verbindliche Vorbestellung ist allerdings ein Muss und kann auch auf Deutsch erfolgen.

Adresse Travesía Llanos Pelados 4b, 35612 La Asomada | Anfahrt über die FV 20 vor/hinter dem Kreisverkehr die Ausfahrt zum Restaurant »Casabel« nehmen, dann der Ausschilderung zum »El Invernadero« folgen; Anmeldung über WhatsApp unter 0034/639546289 | Öffnungszeiten und Menü der Woche aktuell unter www.elinvernaderorestaurante.es | Tipp Der nächste Ort in westlicher Richtung ist Casillas del Angel, berühmt durch seine Kirche mit dem gewaltigen Portal aus schwarzem Basalt.

47__Die bunte Ziege

Die Ziegeninsel zelebriert ihr Wappentier

Lange schon nennen die Nachbarinseln Fuerteventura die Ziegeninsel, ein wenig spöttisch vielleicht und auch ein wenig neidisch. Fakt ist aber: So ein zähes und nützliches Wappentier hat nicht jede Insel. Obwohl auf allen Kanarischen Inseln Ziegen wild vorkamen – jede Insel hat beinahe ihre eigene Rasse. Nur die Cabra Majorera auf Fuerteventura hat diese herausragende Bedeutung für das Wohlergehen der Bevölkerung nie eingebüßt. Kaum ein Einwohner, der sich nicht mit diesem emblematischen Tier identifiziert.

Das sagte sich auch der ehemalige Kulturchef der Inselhauptstadt und selbst Kunstschaffender, Toño (genannt Toni) Patallo, und rief Künstler zu einem Symposium auf. Eine wetterfeste Kunstziege im öffentlichen Raum, als Blickfang, zum Staunen, als Fotomodell, so etwas sollte es werden. Und tatsächlich zaubert die Begegnung mit einem derartigen Tier jedem ein Lächeln ins Gesicht. Mitten in einer kargen Landschaft eine knallbunte Ziege mit Kussmund, das ist das wunderschöne Exemplar in La Caldereta. Da muss man schon mal anhalten und Partner oder Familienangehörige danebenstellen und ablichten.

Da Sonne und Wind den armen Ziegen in den vergangenen Jahren doch sehr zugesetzt hatten, wurden sie zwischenzeitlich neu eingekleidet und strahlen wieder mit dem blauen Himmel Fuerteventuras um die Wette. Ein pflegeleichter Kunstrasen als Unterlage war wohl nicht ganz die Idee des Künstlers, aber so hat jeder Ort seinem Ziegenobjekt noch einen individuellen Stempel aufgedrückt.

Kunst im öffentlichen Raum wird immer interessanter. Internationale Symposien unter freiem Himmel: Wo geht das besser als auf Fuerteventura? Die verantwortlichen Politiker haben auch erkannt, dass Kunst rausmuss aus den Museen, und da bieten sich nun einmal Wandmalereien und Skulpturen besonders an.

Gesehen wurden die bunten Ziegen bisher in Tindaya, La Oliva, El Roque und Guisguey.

Adresse Calle Valdívia, 35649 La Caldereta | **Anfahrt** Autobahn FV 1, Ausfahrt La Caldereta, der FV 102 in den Ort folgen, kurz nach dem Ortsausgang auf der rechten Seite | **Tipp** Das kleine Restaurant »La Caldereta« circa 500 Meter weiter im Ort auf der linken Seite bietet typische, originelle Landeskost.

48 Das verlassene Dorf

Aufbauinteressen nach fast 300 Jahren

Jeder Inselbesucher, der diese bei Einwohnern so beliebte Nebenstrecke fährt, hat sich an dem Tal der Ruinen mit dem wundersamen Namen »La Florida« erfreut. So manche Filmszene wurde hier gedreht, und so manches Model posierte leicht bekleidet zwischen den Mauern.

Eine weite Ebene vor einem der höchsten Bergketten in der Inselmitte liegt kahl, still und steinig da. Der Name lässt auf eine blühende Gegend schließen. Das war sie wohl auch einmal, denn in den Geschichtsbüchern des 18. Jahrhunderts ist dieser Ort mit einer gewissen Bedeutung erwähnt worden. In der bischöflichen Liste wird er schon bereits 1590 genannt und soll sogar eine Kapelle unter dem Namen San Miguel beherbergt haben, welche dann 1790 in eine Pfarrkirche umgewandelt wurde. Davon ist allerdings nichts mehr zu sehen, wohl aber Reste einer florierenden landwirtschaftlichen Nutzung. Frischwasser aus den Bergen gab es zu Regenzeiten reichlich.

Auch ein kleiner »Verkehrsknotenpunkt« war La Florida, zu einer Zeit, als man noch per Esel und Dromedar unterwegs war.

Hier blieb man von Piratenüberfällen auch nicht verschont. Die Schiffe der englischen Korsaren landeten nahe Las Playitas und zogen brandschatzend ins Landesinnere. Allerdings setzten sich die Fischer und Bauern im Jahre 1740 erfolgreich zur Wehr – in der Schlacht von La Florida und Tamasite. Dieser Sieg wird im Oktober jeden Jahres im Nachbarort Tuineje ausgiebig gefeiert und dabei die Schlacht so originalgetreu wie möglich nachgespielt.

Was genau zum Sterben dieses idyllischen Ortes führte, ist nicht ganz klar. Man vermutet auch die großen Dürreperioden mit nachfolgenden Hungersnöten als Ursache. Viele wanderten aus, auf andere Inseln oder nach Übersee. Lange stand das 100.000 Quadratmeter große Areal zum Verkauf. Nun hat 2023 die Inselregierung zugeschlagen und will ein Museumsdorf entstehen lassen.

Adresse La Florida, 35629 Tuineje | Anfahrt In Tuineje die Hauptstraße (FV 20) an der Abzweigung nach Las Casitas und La Florida verlassen. Nach circa drei Kilometern auf der rechten Seite. | Tipp Das »Centro de Interpretación in Tuineje« in der Calle Los Moriscos bietet eine sehr anschauliche Ausstellung mit originalen Utensilien aus der berühmten Schlacht.

49 Der Bilderbuchvulkan

Aufstieg de luxe

Wer hier auf der Insel schon einmal versucht hat, einen Vulkan zu erklimmen, ist ziemlich schnell an seine Grenzen gestoßen. Nicht weil sie vielleicht noch heiß sind oder ausbrechen könnten, nein, sie sind schlicht und einfach nicht begehbar. Bei jedem Tritt kann ein Stein wegbrechen, beim Abstieg rutschen die kleinen Steinchen weg. Die hiesigen Piloten der Rettungshubschrauber können ein Lied von diesen Unfällen singen. Außerdem ist es schlichtweg verboten.

Aber wer einmal nahezu gefahrlos in den Schlund eines Vulkans von oben hineinschauen möchte, der macht sich auf den Weg zum Calderón Hondo. Ein schöner runder, trittsicherer Bilderbuchvulkan mit 278 Meter über Meeresniveau an seinem Kraterrand. Man besteigt ihn über eine feste Treppe und kann oben auf der Aussichtsplattform in Ruhe in den circa 70 Meter tiefen Schlund schauen. Gut zu erkennen noch die gelben schwefelhaltigen Abschnitte. Und er ist noch gar nicht so alt, Experten schätzen ihn auf 50.000 Jahre. Das ist jung im Vergleich zu den großen Vulkanen, die die Insel vor mehr als 20 Millionen Jahren aus dem Meer gehoben haben.

Ein traumhafter Ausblick über die Nordvulkane, die Dünenlandschaft von Corralejo und bis hinüber nach Lanzarote belohnt für den circa drei Kilometer langen Anmarsch. Dieser führt vom bezeichneten Parkplatz aus über einen Plattenweg aus Vulkangestein, der vor einigen Jahren originalgetreu dem über 100 Jahre alten Verkehrsweg nachgebaut worden ist. Er wurde ehedem mit dem Eselkarren oder dem Dromedar zurückgelegt. Heute ist er ein Teil des Weitwanderweges GR 131. Man passiert auf dieser kurzen Strecke zunächst den etwas kleineren Vulkan Montaña Colorada, der sich direkt an den Calderón Hondo anschließt. Der genannte Wanderweg gabelt sich in Höhe des Hondo und führt weiter geradeaus direkt an den anderen Nordvulkanen vorbei bis nach Corralejo. Von einem Fußmarsch in der sommerlichen Mittagshitze ist aber dringend abzuraten.

Adresse Calle Majanicho, 35650 Lajares | Anfahrt In Lajares am Fußballstadion Richtung Majanicho fahren, nach circa 1,5 Kilometern rechts ein Parkplatz und Einstieg in den Wanderweg. Gut ausgeschildert. | Tipp Hier beginnt auch eine Kamelsafari, man erkundigt sich am besten in der Kamelfarm Camel Rides in der Calle Majanicho Nr. 40, fast gegenüber.

50 Der Kunsthandwerks-markt

Authentisches und viel Innovatives von Hand gemacht

Vor ungefähr 14 Jahren gründete der Künstler Marcos Martinez mit einigen Kollegen einen eigenen Kunsthandwerkermarkt. Er selbst hat sich der Holzschnitzerei verschrieben und suchte zusammen mit Kollegen eine alternative Verkaufsplattform, zumal die Gelegenheiten zum Verkauf für Künstler sehr rar sind. Eine einzige Kunsthandwerksmesse im Jahr ist einfach nicht ausreichend. Mit den Preisen auf den üblichen Souvenir-Märkten in den Touristenzentren kann und will man nicht konkurrieren, denn dort werden eben auch preiswerte Dinge aus Übersee oder aus industrieller Fertigung angeboten.

Also gründet man einen Verein mit dem Namen »Re-lajarte«, ein kleines Wortspiel, in dem sowohl die Worte »arte« wie auch »Lajares« vorkommen und gleichzeitig der spanische Ausdruck für »entspanne dich« steckt. Alles wird von den Künstlern selbst organisiert, Tische und Zelte angeschafft und instand gehalten und auch sonst sämtliche Auflagen für Veranstaltungen im öffentlichen Raum erfüllt.

Auf dem Marktplatz von Lajares ist nun richtig Leben, an jedem Samstagvormittag zeigen hier 40 Handwerker der unterschiedlichsten Nationalitäten ihre Kunststücke, und die sind wirklich vom Feinsten. Denn die Kontrolle durch den Verein ist streng. Bevor ein neuer Künstler auf diesem Markt verkaufen darf, stellt er sich mit einem Video über seine Arbeit vor, und der Verein entscheidet über die Teilnahme. So kann auch der Kunde sicher sein, dass er nur handgefertigte Inselprodukte kauft. Jedes Teil wird so zu einem Unikat. Und das ist es, was diesen Markt von vielen anderen Märkten und Souvenirgeschäften unterscheidet.

Modedesigner, Schmuckhersteller, Keramiker, Bildhauer, Maler und Handwerker, die sich dem Recycling verschreiben haben, werkeln hier vor den Augen der Besucher. Zusätzlich gibt es dann ein klein wenig Volksfeststimmung, dafür sorgt die Livemusik der Inselmusiker.

Adresse Plaza Los Lajares, 35650 Lajares | **Anfahrt** Über die FV 10 Richtung Lajares, am ersten Kreisverkehr in den Ort hinein. Am nächsten Kreisverkehr rechts in die Calle Coronel Gonzales. Nach 200 Metern auf der linken Seite Ziel erreicht. | **Tipp** Ganz Lajares ist ein modernes multikulturelles Dorf. Junge und jung gebliebene Europäer betreiben kleine Geschäfte und kultige Restaurants. Ein ausgiebiger Bummel lohnt sich. Nur mittags ist immer Siesta.

51 Die Weinbodega Conatvs

Tatsächlich die erste offizielle auf Fuerteventura

Denkt man an die grünen Weinberge im milden Klima an Rhein und Mosel, ist ein vernünftiger Weinbau auf dieser rauen Insel kaum vorstellbar. Das täuscht. Tatsächlich wird Fuerteventura als Pionierin in Sachen Weinanbau bezeichnet, denn bereits im 15. Jahrhundert wurde hier Wein angebaut. Dazu nutzte man auch die Gavias, diese typischen von Mauern umrahmten Trockenfelder, die bei Regenfällen das Wasser auffangen und speichern können.

Fuerteventura ist reich an wertvollem, mineralhaltigem Boden. Die Reben wuchsen jahrhundertelang geschützt inmitten von Vulkangestein, welches die Feuchtigkeit und Wärme besonders gut speichert. Ein landwirtschaftlicher und weinbaulicher Reichtum, der sehr mühsam wieder neu erwirtschaftet werden musste, weil er mit dem Beginn des Tourismus wegen der dortigen besseren Verdienstmöglichkeiten vernachlässigt wurde. Der neidische Blick auf Lanzarote gab wohl den Antrieb, einen Neubeginn zu wagen.

Der Gastronom und Eigentümer des ersten Weingutes auf Fuerteventura, Pedro Martín Hernández, betreibt seit nunmehr 30 Jahren Hobbyweinbau und möchte die alten Reben weiterzüchten, um einzigartige Weine zu erzeugen. Im Laufe der Jahre hatte er das Verhalten jeder Sorte analysiert und die am besten geeignete Lage für die beste Art der Anpflanzung untersucht. Im Jahre 2016 beschloss er, seinen ersten Wein zu vermarkten. Zwischen Feige und Kaktus wachsen nun vor allem einheimische Rebsorten wie Listán Negro und Listán Prieto, aber auch Burra Blanca oder Airén, Tintilla, Malvasía de Tenerife, Diego de Lanzarote und einige andere Sorten, die derzeit analysiert werden, da Pedro für sein Projekt alte Rebstöcke von den verschiedenen Inseln zurückgewonnen und verpflanzt hat.

Die Bodega ist auch ohne Anmeldung zur Weinprobe einen Besuch wert. Weinanbau à la Fuerteventura ist etwas anders. Der Wein übrigens auch. Und dann wäre da noch das »v« im Namen.

Adresse Calle Cuesta Valerio 28, 35650 Lajares | **Anfahrt** Von der FV 10 in den Ort hineinfahren, am 1. Kreisverkehr zu dem Supermarkt abfahren, dann gleich links in die Calle Cuesta Valerio links abbiegen. Nach circa einem Kilometer ist die Bodega auf der rechten Seite. | **Öffnungszeiten** Mi–Fr 17–20 Uhr, Sa–So 10.30–13 und 16.30–20 Uhr Zur Weinprobe wird Anmeldung erbeten unter http://conatvs.com (Schreibweise beachten). | **Tipp** Der alte Feldweg nach El Cotillo. Die vielen kleinen Landhäuser, die dem wilden Vulkangestein kleine landwirtschaftliche Flächen abgerungen haben, lohnen einen zweiten Blick.

52 Der Palomar

Als die Briefträger noch Flügel hatten

Das alte Herrschaftsgebäude der Obristen »Casa de los Coroneles« in La Oliva kennt jeder. Es stammt aus der Zeit der Feudal- und Militärherrschaft auf Fuerteventura. In der zweiten Hälfte des 17. Jahrhunderts erbaut, ließ diese Architektur für die Bewohner und ihre Familien kaum einen Wunsch offen. Man richtete sich sehr gut ein auf dieser kargen Insel. Sogar eine eigene Kapelle für familiäre Gottesdienste ließ man sich hineinbauen.

Viel spannender, aber unbekannter sind die vielen sehr schlichten Nebengebäude, in denen der Leibarzt, der Apotheker und weiter entfernt die Handwerker untergebracht waren. Das interessanteste Gebäude befindet sich aber eher im Hintergrund. Hinter dem Hauptgebäude der »Casa de los Coroneles« in Richtung des ausgedehnten Tals erkennt man ein flaches, halb verfallenes Gehöft mit vielen Palmen. Das war das Haus des Gutsverwalters. Man schreitet heute durch eine breite Allee, umgeben von alten Steinmauern, auf die Ruinen zu und befindet sich auf dem Hofgelände. Rechter Hand gibt es noch weitere, kleinere Gebäudereste, und der Blick fällt beim näheren Betrachten unwillkürlich auf eine merkwürdige durchlöcherte Wand, die an ein riesiges Weinregal erinnert.

Jetzt kommt die Post ins Spiel. Es gab nur ein sehr schlecht ausgebautes Wegenetz. An eine Beförderung über Land war nicht zu denken. Doch wie hat die hier ansässige Militärkommandantur mit den Vorgesetzten auf Lanzarote kommuniziert? Und wie erfuhr die Geliebte des Generals von dem neuen Treffpunkt? Es gab viele Angelegenheiten, in denen Schnelligkeit und Verschwiegenheit gefragt waren. Da gab es eine ganz einfache, überall in Europa praktizierte Lösung: Man schickte eine Brieftaube. Und dieser Ort war ihre An- und Abflugstelle. Ein sogenannter »Palomar«. Jede Taube hatte ihr eigenes Loch. Von den heutigen Brieftaubenwohnungen konnten die Artgenossen von damals nur träumen.

Adresse Calle los Coroneles, 35640 La Oliva | Anfahrt La Oliva, an der Kirche parken, auf der Calle los Coroneles Richtung des großen Gebäudes gehen. Links vorbei, dann führt hinter dem großen Hauptgebäude eine breite Allee mit verfallenen Steinmauern hinunter zum Verwaltergebäude, von dort nach rechts in die Nebengebäude. | Tipp Die Kirche von La Oliva ist zu besichtigen. Informationen von offizieller Seite über die historischen Bauten erhält man über www.lacasadeloscoroneles.org.

53_Das Sammelmuseum

Die Geschichte des Alltags anno dazumal

Das ist schon ein sehr besonderer Ort. Das »Museo de las Tradiciones«. Und genau das ist es: eine Sammlung traditioneller Gegenstände aus mehreren Jahrhunderten. Die Gegend um La Oliva war Zentrum der Macht seit dem 17. Jahrhundert. Hier spielte sich das Leben der hochherrschaftlichen und der einfachen Leute ab. Sie alle hinterließen irgendetwas, als sie starben oder einfach wegliefen. Und diese Gegenstände aus den Haushalten, den Viehställen, der Landwirtschaft, aus Liebesnestern, Versammlungsräumen, Werkstätten und Tanzsälen hat Pedro Carreño eingesammelt, sortiert und präsentiert es nun in seinem kürzlich fertiggestellten Museum in La Oliva der Öffentlichkeit.

Pedro ist ehemaliger Mitarbeiter der hiesigen Verwaltung und seit Jahrzehnten mit der Denkmalpflege und Erhaltung der historischen Bauten der Insel beschäftigt. Er kennt die Geschichten der ehemaligen Bewohner, lässt sich alle Details des damaligen harten Lebens und von den Nachkommen die Familiengeschichten erzählen. So hat er natürlich zu jedem Gegenstand seiner immensen Sammlung eine Geschichte zu erzählen, deren Herkunft und Anwendung. Ganze Räume hat er nachgebaut und mit Originalen bestückt. Das Gebäude selbst ist aus dem 18. Jahrhundert. Der Blütezeit des Feudalismus auf der Insel. Die Witwe des letzten Besitzers verließ das Haus, weil sie der Meinung war, es würde die Seele eines unglücklich Verliebten dort herumgeistern. Später wohnte dann ab 1866 ein Geistlicher in den Räumen, dem dann auch dieses originelle Luxus-Plumpsklo zustand.

Wer gern wissen möchte, wie es sich damals so lebte, als Fuerteventura noch keine Ferieninsel war, der kann jederzeit bei Pedro anrufen, und er wird seine Türen öffnen. Wer der spanischen Sprache nicht mächtig ist, kann sich bei Hannelore von der Tweer melden, sie ist ehemalige Reiseleiterin und führt durch das Museum. Sie wird so manche zusätzliche Anekdote beitragen können.

Adresse Calle el Casino, 35640 La Oliva | **Anfahrt** Im Ort an der Kirche vorbei die 3. Straße links ab in Calle las Portadas, nächste wieder links Calle Cuatro Callejones. Das große Eckgebäude an der Kreuzung zu Calle el Casino. | **Öffnungszeiten** Kontakt zur Führung über WhatsApp 0034/629473747 (Pedro), 0034/608928380 (Hannelore) | **Tipp** Die kleine aber feine Boutique mit Handwerkskunst »Aulaga« direkt an der Hauptstraße gegenüber der Kirche aufsuchen.

54 Die Mauer

Vielleicht auf einer Piste von West nach Ost

La Pared ist eine kleine Urbanisation an der Westküste mit einem traumhaften Strand, dem »Playa de Viejo Rey«. Kein alter Ort in dem Sinne, aber längst in allen gängigen Karten eingetragen. Gegründet wurde diese Siedlung von einigen abenteuerlustigen Deutschen in den 1980er Jahren. Beliebt bei Wellenreitern und vielen Deutschen, die sich hier vor vielen Jahren einen kleinen Wohnort sozusagen selbst erschaffen haben. Jeden Tag einen anderen Sonnenuntergang erleben und das 356 Tage im Jahr; das ist wohl der Traum eines jeden wettergeplagten Nordeuropäers.

La Pared heißt übersetzt »Die Mauer«. Ein gewaltiges Bauwerk von sechs Kilometer Länge soll es gegeben haben, welches von der Westküste bis zur Ostküste nach Matas Blancas reichte. Bereits die Eroberer fanden diese Mauer vor, und bis heute hält sich in der touristischen Literatur die Vermutung, es sei die Grenze zwischen den beiden alten Königreichen. Das wird aber von den vielen Archäologen inzwischen widerlegt. Denn die eigentliche Grenze soll viel weiter nördlich gelegen haben, und zwar beginnend in der Bucht nördlich von Ajuy bis hinüber zur Ostküste zur Mündung des Barranco de la Torre südlich von Las Salinas. So die aktuellen Forschungsergebnisse.

Dennoch trennte diese »La Pared« das unbewohnte Weideland der Halbinsel Jandía von dem Rest der Insel ab. Man kann lange nach der Mauer suchen. Es wird nicht gelingen. Nur Fachleuten ist es bisher gelungen, die Überreste als die Mauer aus vorspanischer Zeit zu identifizieren. Dennoch kann man sich auf die Suche machen. Der ursprüngliche Verlauf befindet sich ungefähr nahe der alten Piste, die parallel, aber östlich zur heutigen FV 605 verläuft. Sie beginnt ungefähr in der Höhe von Pueblo del Mar hinunter bis Matas Blancas. Viele Steine liegen ungeordnet herum, und zu viele Strukturen wurden auch im Zuge des Straßenbaus und der touristischen Erschließung zerstört.

Adresse FV 605 Pueblo del Mar, 35627 La Pared | Anfahrt Abfahrt von der Autobahn F 1 bei Costa Calma / La Pared, den Wegweisern auf der FV 605 folgen, nach circa drei Kilometern sieht man links am Straßenrand etliche Briefkästen stehen. Gegenüber beginnt eine alte Piste auf der Anhöhe. Man parkt bei den Briefkästen und geht Richtung Ostküste bis Matas Blancas. | Tipp In La Pared zur Punta de Guadalupe fahren und in der »Caretta Bar« einkehren.

55 Der Weg der Gefangenen

Vom Winde verweht

Den besten Überblick über diesen Weg erhält man von der kleinen Siedlung »Pueblo del Mar« aus. Man kann ihn erwandern, Fahrzeuge sind nicht erlaubt.

Nicht nur die Gefangenen aus dem Lager in Tefía, auch strafversetzte oder desertierte Soldaten sowie republikanische Kämpfer wurden nach dem Ende des Bürgerkrieges interniert und mussten Zwangsarbeit leisten. Das 1939 gegründete und auf Fuerteventura »stationierte« Disziplinarbataillon 91 wurde maßgeblich zum Bau von Straßen und Wegen zwangsverpflichtet.

Eines dieser Projekte ist der »Camino de los Presos« – der Weg der Gefangenen. Er wurde in La Pared begonnen, führt entlang der Westküste und endet in Penesescal, dort am Ende der Wüste, wo das Jandía-Gebirge beginnt. Eine alte Sandpiste der Viehbesitzer, die bereits lange existierte, musste kontinuierlich ausgebaut und verbessert werden, da der stramme Westwind die Wege immer wieder bis zur Unkenntlichkeit zuwehte. Unmittelbar profitierte der deutsche Gustav Winter von diesen Instandhaltungsarbeiten, zumal das seine einzige Verbindung zu seinen Ländereien im Süden war. Mit dem Bau der Straße an der Ostküste wurde erst 1969 begonnen.

An diesem Ort, dem »Camino de los Presos«, sind die vielen mit flachen Kalkplatten gepflasterten Abschnitte besonders charakteristisch. Diese wurden im Jahre 1959 unter großem Zeitdruck und in ärgster Hitze von den Strafgefangenen ausgeführt, unter der Leitung von Gustav Winter. Die Aktion wurde in der Presse lobend erwähnt, denn am 2.10.1959 erwartete man eine totale Sonnenfinsternis, die auf den Kanarischen Inseln besonders gut zu beobachten sein sollte. Die Regierung lud dazu viele ausländische Gäste ein, und man wollte sicherstellen, dass auch normale Fahrzeuge diesen Weg bis hinunter zum Faro Punta die Jandía gefahrlos passieren konnten. Der oben beschriebene Weg ist übrigens Teil des aktuellen Weitwanderweges GR 131.

Adresse Siedlung »Pueblo del Mar«, 35627 La Pared | **Anfahrt** Abfahrt von der Autobahn F1 bei Costa Calma/La Pared, den Wegweisern auf der FV 605 folgen, nach circa drei Kilometern sieht man links am Straßenrand etliche Briefkästen stehen, hier nach »Pueblo del Mar« abbiegen und die Piste hinunter bis zu einem großen Parkplatz links. Ein kleines Stück den breiten Weg hinabgehen, dann rechts in eine Senke und diese hinunter Richtung Meer, bis eine alte zerstörte Straße kreuzt. Diese links hinauf. | **Tipp** Geht man den kleinen Weg im Flussbett geradeaus weiter bis zum Meer, gelangt man an den schönen wilden Strand von La Pared.

56__Der Leuchtturm

Kulturtreff ganz oben und kurz vor Afrika

Der Weg dorthin ist ein kleines Abenteuer, der Rückweg noch um einiges spannender. Steile Serpentinenstraßen, wie man sie sonst nur von Gomera oder La Palma kennt, sind auf Fuerteventura eher selten. Die Straße, die damals für die Wartung des östlichen Seezeichens der Insel gebaut wurde, bietet heute einen spannenden Zugang zu einem ihrer schönsten Aussichtspunkte.

Nur gerade mal 100 Kilometer beträgt die Entfernung zur afrikanischen Küste, aber selbst von hier oben aus kann man sie nicht sehen. Zu flach ist es dort drüben und auf die Entfernung über dem Meer immer etwas diesig. Bisher war der Leuchtturm fest in der Hand der spanischen Wasser- und Schifffahrtsbehörde und ein Betreten der Anlage strikt verboten. Nun ist er für die Öffentlichkeit zugängig gemacht worden. Als erste Kulturveranstaltung wurde hier im Faro de Entallada Ende 2022 bis Ende 2023 eine Ausstellung mit afrikanischer Kunst gezeigt. Was für ein Thema für eine derartige Kulisse, an der schmalsten Stelle des Meeres zwischen Fuerteventura und Afrika. Auch eine Konzertreihe unter freiem Himmel war zu Beginn des Jahres 2023 ein voller Erfolg. Auf weitere Ideen der Kulturbehörde darf man gespannt sein.

Ob mit oder ohne Kultur, der Blick von dieser Klippe aus ist einfach gigantisch, je nach Wind und Wetter mal romantisch oder mal wild. Der Grund für dieses etwas besondere Szenario um den Leuchtturm ist seine Lage auf einer Klippe mit bis zu 300 Meter Höhe, eine der höchsten auf der Insel. Sie trägt den Namen Cuchillo de Entallada. Es sind die Reste eines riesigen Vulkans, der vor circa 20 Millionen Jahre den größten Teil der Insel schuf. Über die Zeit hat der Ozean an dieser Kante genagt und diesen steilen Abhang geschaffen. Auch wenn Warnschilder und Absperrungen fehlen, sei vor Kletterpartien oder Klippen-Selfies gewarnt. Das Gestein ist extrem brüchig. Auch vermeintliche Fußwege führen von hier immer auf gefährliche Ziegenpfade.

Adresse Faro de Entallada, 35629 Las Playitas | Anfahrt Im Ort Las Playitas der Ausschilderung »Faro« folgen. Die Fahrt hinauf zum Leuchtturm ist mit dem Auto möglich, die Abfahrt nicht jedermanns Sache. Zu Fuß ist eine gute Option. | Tipp Im Ort Las Playitas gibt es unten am Hafen ein wunderbares Fischrestaurant, direkt am Meer. Ein etwas preiswerteres in einer der Nebenstraßen etwas weiter oben im Dorf.

57 Das Ruhekreuz

Seine Geschichte ist kurios und inseltypisch

Wer mit offenen Augen über die Insel fährt, dem sind sicherlich schon große Holzkreuze aufgefallen, die unvermittelt in der Landschaft auftauchen. Damit hat es tatsächlich eine besondere Bewandtnis. Eine Eigenheit von Fuerteventura, nur kaum jemand kennt die Geschichte dazu.

Hier in Las Pocetas an der alten Wegkreuzung nach Antigua, Triquivijate und La Corte steht ein Holzkreuz und gleich daneben ein restauriertes Steinhaus. Es ist ein »Cruz del Descanso« – ein Ruhekreuz. Man könnte denken, hier an dieser Stelle sei jemand verstorben. Weit gefehlt. Natürlich ist die mündliche Überlieferung mit allerlei »Extras« ausgeschmückt worden im Laufe der Jahrhunderte. Jeder Erzähler wollte seine Geschichte möglichst spannend machen.

Zwei Dinge machten diesen Ort besonders urig. Zum einen die Gastwirtschaft von Maria Francisca und die Tatsache, dass auf der Insel die Toten an bestimmten Wegkreuzungen übergeben wurden. Und hier die Geschichte dieses Ortes: Es gab früher wenige Friedhöfe für einfache Leute, so mussten die Verstorbenen oft auf einem Kamel oder einem Esel weit getragen werden. An einem vereinbarten Übergabeort ruhte sich die Trauergesellschaft aus, um auf die zuständigen Träger mit der Holzkiste der weit entfernten Friedhofsverwaltung zu warten. Und da hatte Maria eine clevere Geschäftsidee und schuf Platz in ihrem Haus für eine kleine Gaststätte. Hier wurden dann mitgebrachte Ziegen gegrillt und sich die Zeit mit Essen, Trinken und dem Erzählen von Geschichten vertrieben. Angeblich nannte man die weite Ebene um diesen Ort herum »Llano de Mafasca« nach dieser geschäftstüchtigen Dame.

Zur Erinnerung an diese Traditionen ließ die Gemeinde Antigua das Holzkreuz erst kürzlich aufstellen und die Ruine von Marias Gaststätte aus dem Jahre 1901 restaurieren. Zum Fest Allerheiligen werden diese Kreuze vielerorts mit Blumenkränzen geschmückt.

Adresse Kreuzung Las Pocetas / Calle Triquivijate de Candelaria / Camino, 35630 Antigua | **Anfahrt** vom Kreisverkehr Triquivijate (FV 413) Richtung Las Pocetas abfahren und den Weg circa drei Kilometer immer folgen, bis man an diese Kreuzung gelangt | **Tipp** In der Ebene von Mafasca stehen einige typische Gebäude aus dem 19. und frühen 20. Jahrhundert. Zum Teil als Ruinen, andere wiederum liebevoll von ihren Eigentümern restauriert.

58 Das Tierparadies

Eine neue Heimat für Nutztiere aller Art

Wir würden sagen, es ist ein Gnadenhof. Und ja, es ist ein Zufluchtsort für verwahrloste, kranke und alte Nutztiere. Deshalb erfand der Gründer dieser Einrichtung, Julio Cruz, den Namen »Refugio de Animales« – Zufluchtsort für Tiere.

Wenn man diese riesige Finca mitten im Nirgendwo betritt, sieht man nur glückliche Lebewesen, sowohl Mensch als auch Tier: Fröhliche Volontäre aus verschiedenen Ländern und jeglichen Alters füttern, striegeln und behandeln Dromedare, Esel, Pferde, Schweine, Kühe, Ziegen, Schafe und Federvieh jeglicher Art. Was zusammenpasst und sich verträgt, teilt sich ein großes Gehege. Es gibt Schutzräume für frisch eingetroffene Kandidaten, saubere Ställe, tierärztliche Betreuung, optimale Pflegeeinrichtungen und hoch motiviertes Personal. Im kleinen Pausenraum hängt ein Dienstplan, und überhaupt wirkt alles sehr professionell und sauber. Im Krankheitsfall bekommt jedes Tier Besuch von einem mobilen Tierarzt.

»Wir lehnen kein Tier ab, welches unsere Hilfe braucht.« So erklärt eine Praktikantin aus Italien stolz jedem Besucher. Für Katzen und Hunde gäbe es Einrichtungen, die sie aufnehmen und an Tierfreunde weitervermitteln würden, nur bei Nutztieren wäre es schwierig, denn wer kann schon ein Schwein oder ein 30 Jahre altes Dromedar unterbringen. Die Führung durch den Hof ist ein Erlebnis vor allem für Kinder. Jedes Tier hat einen Namen, und die freiwilligen Mitarbeiter erzählen jedem Besucher die Geschichte seiner Rettung.

Der Gnadenhof gehört zum Verein »Animal Academy«. Hier werden Kurse für Kinder und Vereine angeboten oder Fortbildungen in Sachen Tierschutz. Weitere Infos auf der Website des Vereins. Sehr präsent ist Julio Cruz auf allen sozialen Medien und erzählt unermüdlich die Lebensgeschichten der tierischen Bewohner. Das ist auch nötig, denn der gemeinnützige Verein finanziert sich ausschließlich durch Spenden.

Adresse Camino Buenavista, 35639 Los Alares | **Anfahrt** FV 2, Ausfahrt Richtung Los Alares (zwischen Las Salinas und Pozo Negro), erste Möglichkeit links, dann die nächste rechts, durch ein Tal, durch eine Abraumhalde, immer auf der Straße bleibend, bis rechts in der Ferne ein rotbrauner Gebäudekomplex auftaucht. Dann die nächste Gelegenheit rechts in Richtung dieses Gebäudes fahren (Google Maps: TAARAF eingetragen). | **Öffnungszeiten** Anmeldung erbeten per WhatsApp unter 0034/674024983 in Deutsch. Führung in Englisch | **Tipp** Neben dem Hof gibt es einen Shop mit interessanten Utensilien zum Thema Tierschutz.

59__Die weibliche Getreidemühle

Die einzige, die nicht nur Show macht

Und wie der letzte aktive Windmüller meint, natürlich auch die einzige auf der Welt. Womit er fast recht haben könnte, denn sie ist eine Gofio-Mühle, und das ist schon etwas ganz Besonderes. Hier werden Weizen-, Gersten- oder Maiskörner geröstet, gemahlen und zu einer Delikatesse verarbeitet, dem Gofiomehl. In Handarbeit, versteht sich. Francisco Cabrera Oramas hat das Müllerhandwerk von seinem Vater erlernt und führt die Familientradition an Ort und Stelle weiter.

Steht man vor dieser sechsflügeligen »Molina« und sie dreht sich, sollte man unbedingt an der Tür klopfen und den sehr sympathischen Francisco begrüßen. Gern zeigt er seine Arbeit, denn die macht er mit Leidenschaft. Wenn er nicht gerade mahlt, dann ist er unterwegs und fährt Ware aus. In den typischen Inselrestaurants, die Speisen mit Gofio anbieten, trifft man ihn persönlich, von Tisch zu Tisch gehend und mit Inbrunst sein Produkt lobend.

Gofio wird nicht wie üblich zu Brot verarbeitet. Man kann es roh genießen, weil das Getreide durch die Röstung bereits vorgegart wurde. Das ist besonders bekömmlich und gesund, vor allem durch den hohen Anteil an Magnesium (aus Weizen), den B-Vitaminen und Kalzium. Die Ziegenhirten hatten immer einen Lederbeutel mit Gofio dabei. Zur Mahlzeit wurde etwas Ziegenmilch oder sogar eine Feige dazugegeben, der Beutel kräftig geknetet, und fertig war die Mahlzeit. Vielleicht darf es bei der nächsten Bestellung im Restaurant mal ein Gofio-Pudding oder Gofio-Klöße in einem typischen Gemüseeintopf sein. Gofio-Speiseeis gibt es auch. Alles schmeckt leicht herb nussig und ist mit keinem anderen Lebensmittel zu vergleichen.

Spricht man einen Einheimischen auf ein Gericht mit Gofio an, dann leuchten die Augen, wohl weniger wegen des Geschmackes, sondern weil es ein Stück Tradition ist, wie man sie nur noch auf Fuerteventura kennt.

Adresse Carretera de La Asomada, 35612 Los Estancos | **Anfahrt** In Los Estancos die FV 10 Richtung La Asomada verlassen. Am kleinen Kreisverkehr geradeaus und rechts ab auf die Mühle zu | **Tipp** Ein Stück weiter auf der FV 10 Richtung Hauptstadt liegt rechts der alte Flugplatz. Jetzt ein modernes Technologiezentrum. Das alte Flughafengebäude aus den 1970er Jahren ist noch erhalten.

60 Der immergrüne Barranco

Bietet nicht nur paradiesische Zustände

Es gibt wohl niemanden, der Los Molinos nicht kennt. Dort, wo die Atlantikwellen an die Felsen klatschen, das Krabbeln an den glitschigen Felsen lebensgefährlich ist und unvermutet Flugentenfamilien unter dem Auto hocken, genau dort zieht es jährlich Tausende Besucher hin. Nicht weniger imposant ist der Ort, aus dem ein kleines Rinnsal ins Meer fließt. Ein kleiner Trampelpfad führt in eine andere Welt, und die ist grün und das in allen Schattierungen. Grund dafür ist ein nie versickernder Wasserlauf, der sich natürlich überall dort staut, wo das Gestein ein Versickern verhindert.

Empfangen werden die Besucher von einem Informationsschild, welches an Originalität nicht zu überbieten ist. Aber der Inhalt ist klar verständlich: Man betritt ein Vogelschutzgebiet, welches während der Brutzeit und der Aufzucht des Nachwuchses nicht betreten werden darf. Das sind in der Regel die Monate Februar bis Juli. Für die Vogelfreunde gibt es dann oben auf dem Plateau eine Schutzhütte mit Beobachtungsmöglichkeiten und Informationen zu den Vogelarten. Von hier aus lässt sich die tiefe Schlucht, die sich das abfließende Regenwasser im Laufe von Jahrmillionen gegraben hat, besonders eindrucksvoll beobachten.

Die Vegetation besteht überwiegend aus Pflanzen, die tolerant gegenüber Salz sind, denn das Wasser, welches da unten fließt, ist stark salzig. Es hat bereits mehrere Gesteinsschichten durchdrungen, die sich ehemals unter dem aktuellen Meeresspiegel befunden haben.

Die kleine Siedlung Los Molinos ist übrigens kein Fischerdorf, wie man vermuten könnte, sondern sie entstand, als man von hier aus den gebrannten Kalk in Säcken auf Schiffe verlud. Über die Waghalsigkeit dieser Unternehmungen kann man nur staunen. Die Arbeiter bauten sich Schutzhütten, und schließlich blieben sie dort und konnten sich gut vom Meer und von der Viehhaltung ernähren.

Adresse Puerto de Los Molinos, 35611 Los Molinos | **Anfahrt** Von der FV 207 die Abfahrt nach Los Molinos auf die FV 221. Diese circa acht Kilometer bis zum Ziel fahren. | **Tipp** Mit Blick aufs Meer führt links eine Treppe hinauf auf einen Felsen. Von dort aus hat man einen sicheren Blick auf die Wellen, die dort mit Wucht an die Felsen schlagen. Bei Sturm nicht zu empfehlen!

61__Der Stausee

Paradies für Vögel und Sterngucker in der Steinwüste

Auf dem Weg nach Los Molinos durchquert man eine nahezu trostlose, helle Steinwüste. Je nach Jahres- und Tageszeit ändert sich das Aussehen aber ganz gewaltig. Wenn die Schatten länger werden, zeigt sich diese Gegend von ihrer schönsten Seite. Dieser Meinung war auch Peter Maffay und produzierte hier vor einigen Jahren in den frühen Abendstunden sein Musikvideo zu dem legendären Song »Halleluja«. Er war nicht der Erste und wird nicht der Letzte sein, denn diese Kulisse eignet sich für Westerndrehs genauso gut wie für Fotoshootings für Strickmagazine.

Im Ort Las Parcelas geht es links ab Richtung Stausee, den man hier immer noch nicht vermutet. Dort, wo sich alle Abläufe der umliegenden Berge treffen, liegt er dann, der einen Kilometer lange, 200 Meter breite und circa fünf Meter tiefe Stausee, und ist je nach Jahreszeit mehr oder weniger voll. Bauen ließ ihn General Franco während seiner Diktatur in den 1950er Jahren von seinen Gefangenen aus der nahen ehemaligen Haftanstalt in Tefía. Die landwirtschaftliche Siedlung »Colonía de García Escamez« (in Las Parcelas gelegen) ließ er komplett neu erbauen, um sie mit dem aufgestauten Wasser zu versorgen. Im Ort kann man die Wasserrinnen (die Lavadas) noch erkennen.

Das Wasser des Stausees verdunstet nunmehr ungenutzt, da die Menschen inzwischen mit Wasser aus der Meerwasserentsalzungsanlage versorgt werden. Allerdings trifft man heutzutage am Stausee immer auf Tierfotografen, denn ein besseres Brutgebiet für Wasservögel gibt es kaum anderswo. An den weißen Rändern rund um den See erkennt man zum einen den höheren Wasserstand, zum anderen ist es ein Hinweis auf das im Wasser vorhandene Salz. Für alle Sterngucker aus dem nahe gelegenen Observatorium ist eine Nachtwanderung zum Stausee wegen seiner hervorragenden Lichtverhältnisse ein echtes Highlight. Schließlich ist Fuerteventura Starlight Reserve.

Adresse Las Parcelas / Embalse de los Molinos, 35611 Los Molinos | **Anfahrt** Abfahrt von der FV 207 nach Los Molinos auf die FV 221. Nach circa fünf Kilometern vor einer Rechtskurve, in dem Ort Las Parcelas, links ab Richtung Stausee (Embalse). Die Piste bis zum Ende fahren, ca. 1,5 Kilometer. | **Tipp** In Las Parcelas befindet sich die »Colonia de García Escamez«, noch gut zu erkennen an den teils offenen Wasserrinnen, über die diese landwirtschaftliche Siedlung aus dem Stausee versorgt werden sollte.

62 Die Skulptur Origomare

Über Geschmack lässt sich nicht streiten

Wenn man sich von Lajares kommend dem kleinen Ort Majanicho nähert, passiert man ein weitläufiges Vulkangebiet, nur aufgelockert durch einige Natursteingebäude der Ureinwohner. Das ersehnte Meer ist am Horizont erkennbar, und plötzlich taucht linker Hand am Horizont eine dunkle Kuppel auf, ein Fremdkörper, der je nach Tageslicht silbrig-grau, schwarz oder auch grün schimmert.

Was bei näherer Betrachtung an ein Urtier oder eine Amöbe erinnert, ist eine zehn Meter hohe, fünf Meter breite und 38 Tonnen schwere Bronzeskulptur. »Origo mare« bedeutet: aus dem Meer stammend. Der aus Asturien stammende Bildhauer Miguel Angel Lombardi sah die Insel und stellte fest, dass hier die Naturelemente so klar zu sehen und zu erleben sind. Das wollte er darstellen: die Symbole der Entstehung unserer Welt: Feuer – Erde – Wasser – Luft. Lombardis Kunstwerk soll für den Betrachter ein Erlebnis bereiten und alle Sinne ansprechen. Wer alle seine Sinne beisammenhat, probiert es einfach mal aus.

Bevor die gleichnamige Feriensiedlung 2017 eingeweiht wurde, griff man vonseiten der Regierung tief in die Tasche und ließ einen berühmten Bildhauer etwas Besonderes schaffen. Über die Grenzen des Landes hinaus sollte man über diesen künstlich geschaffenen Ort sprechen und illustre Gäste herlocken. Dass das gesamte Ferienprojekt in einem bis heute nicht vollständig geklärten Bauskandal mündete, tut der Einzigartigkeit dieser Bronzeskulptur keinen Abbruch. Das Gebäude kann man durchqueren und durch die vier Ausgänge wieder verlassen. Bleibt man im Inneren, hat man den imposanten Blick hoch zur Kuppel. Dort scheint die Sonne durch die Löcher und malt Schatten auf die Wände, und nur sekundenlang sieht man die vorbeiflitzenden Vögel. Durch die tiefer liegenden runden Öffnungen geschaut, erblickt man wie durch ein Fernglas nur auf einzelne Ausschnitte aus dem Umland, die so ganz anders wirken.

Adresse Urbanisation Origomare, 35650 Majanicho | Anfahrt In Lajares am Sportplatz Richtung Majanicho auf den Camino Majanicho einbiegen und circa 6,5 Kilometer fahren. Links die Einfahrt zur Feriensiedlung Origomare reinfahren am Kreisverkehr links, dann an der Gabelung rechts halten. | Tipp Eine Erkundung des einst verlassenen und jetzt wiederbelebten Feriendomizils ohne Genehmigung ist schon ein skurriles Erlebnis. Viele Häuser stehen leer, sind bewohnt oder okkupiert worden.

63 Der Tisch im Meer

Inseltypische, besonders praktische Angewohnheit

Der kleine Fischerort Majanicho ist tatsächlich eine Art Refugium. Und zwar für die Menschen, die rauswollen aus den Städten und einmal in den Tag hineinleben. Hier knattern uralte Generatoren, schnurren kleine Windräder und jauchzen Kinder. Hunde und Katzen liegen träge in der Sonne. Viele kommen nur zum Wochenende, zu den Feiertagen und ganz sicher in den großen Ferien. Die Hütten haben sie von ihren Vorfahren geerbt, die damals während der Trockenzeiten ihre Fincas im Landesinneren verließen, weil es nichts anzubauen gab.

Eine frische Brise während des heißen Sommers und eine abwechslungsreichere Kost als immer nur Ziegenfleisch und Gofio. Das war in Fuerteventura über Jahrhunderte Brauch und ist es heute noch. Was damals überlebenswichtig war, dient heute der Erholung. Eine gesunde Kost, bestehend aus selbst gefangenen Meeresfrüchten und Fisch, war damals wie heute pure Glückseligkeit. Immer wenn man nach Majanicho kommt, riecht es nach Oliven, Knoblauch und Fisch.

Womit wir bei dem Kuriosum dieses Ortes sind. Da steht ein Tisch mit seinen langen Beinen im Meer, fest angekettet und fußläufig bei Ebbe erreichbar. Es handelt sich um eine Maquesina, was tatsächlich typisch Fuerteventura ist. Man findet so einen Tisch in vielen kleinen Orten am Meer, wo die Fischer ihren frischen Fang direkt zubereiten. So muss man den schnell übel riechenden Abfall nicht lang hin und her tragen. Die Reste gehen gleich ins Meer zurück, das alles unter den wachsamen Augen der vielen Hunde, Katzen und Möwen. Es ist wohl klar, wer nichts abbekommt. Zur Reinigung wird einfach Meerwasser darübergegossen, und der gesäuberte Fang wandert gleich auf den unweit bereitstehenden Grill.

Gut beobachten kann man dieses Schauspiel auch in El Cotillo unterhalb des Restaurants »Vaca Azul« am Alten Hafen und in Corralejo in dem Restaurant gleichen Namens »La Maquesina«.

Adresse Calle Majanicho, 35650 Majanicho | Anfahrt Direkt im Ort nach links abbiegen und parken. Zwischen den Häusern kann man hinunter zum Strand gehen, wo der Tisch steht. | Tipp An dem kleinen Platz steht eine winzige Kirche mit dem Namen »Nuestra Señora del Pino«. Ein Blick hinein lohnt sich.

64 Die letzte Gerberei

Als die Insel noch alles verwertete

Als Ziegeninsel beheimatete Fuerteventura natürlich auch Gerbereien. Abfälle gab es nicht. Die großen Betriebe standen überwiegend an den wasserführenden Barrancos. Wenn auch nicht oberflächlich sichtbar, floss im Untergrund immer noch das Wasser, welches man für die Gerberei dringend brauchte. Die Arbeit fand in der Regel unter freiem Himmel statt.

Hier in Mezquez, an dem kleinen Barranco, an der Straße von Pájara nach Ajuy, steht heute noch die letzte Gerberei, in der die wichtigsten Arbeiten in einem überdachten Gebäude verrichtet wurden. Es wurde von der Gemeinde Pájara originalgetreu restauriert. Auch die Windmühle, die das nötige Wasser aus einem Brunnen direkt in die gemauerten Behälter füllte, strahlt in neuer Farbe. Allerdings war dies schon eine sehr moderne Gerberei, die zuletzt über eine Brunnenpumpe mit Dieselmotor verfügte.

Wie man sich vorstellen kann, war das Gerben ein übel riechendes Handwerk, aber es war ein wichtiges Handwerk, das die Insel autark machte. Tierhäute waren nach der Schlachtung wichtige Lieferanten für Taschen, Schuhe und Handwerkzeug. Die Felle wurden komplett geschoren, aus den Haaren wurden Pinsel hergestellt und aus dem Magen der jungen Tiere die Säckchen für das Hirtenfrühstück, den »Zurrón de Pastor«.

Die Frauen in der Nachbarschaft der Gerberei nähten viele brauchbare Dinge daraus, wie Taschen und Schuhe. Ziegenleder ist besonders weich und ließ sich leicht bearbeiten. Gerben hatte damals wenig mit Giften oder Chemikalien zu tun, so dauerte alles etwas länger und erforderte etwas mehr Handarbeit. Aber etwas Kalk zum Desinfizieren, Kleie, die Blätter vom Essigbaum und zum Weichmachen nutzte man sogar die Ammoniaksalze im Hunde-Urin.

Irgendwann wollte dann keiner mehr diese anstrengende Arbeit machen. Heute werden die Ziegenfelle der Insel nach Marokko in die industriellen Gerbereien geschickt.

Adresse Barranco de Tabobeta, 35628 Mezquez | Anfahrt von Pájara Richtung Ajuy abbiegen auf die FV 621, circa 1,5 Kilometer, links abbiegen (an der Straße steht ein Abfallcontainer), kurvigem Weg folgen, 1. Gebäude links mit einem Metall-Windrad | Tipp Fährt man die Hauptstraße weiter Richtung Ajuy, erreicht man diesen kleinen quirligen Touristenort und besucht das älteste Fischrestaurant des Ortes »Jaula de Oro«, den »Goldenen Käfig«.

65 Die Schildkrötenklinik

Ein ehrgeiziges Hilfsprojekt döst vor sich hin

Eines vorweg: Dieser Ort ist kein optisches Highlight, aber es steht ein wichtiges Projekt dahinter. Die Meeresschildkröte *Caretta caretta* gehört zu den wichtigsten Tierarten im Meer. Sie ernährt sich von Quallen und dem schwarzen Seeigel, welcher sich sehr stark vermehrt hat. Damit ist die *Caretta caretta* wichtig für das ökologische Gleichgewicht im Meer. Fuerteventura hat sich dem besonderen Schutz der gepanzerten Schwimmerin verschrieben.

In Morro Jable, am Fischereihafen, gibt es eine Schildkrötenklinik, die verletzte und kranke Schildkröten medizinisch versorgt und wieder aufpäppelt. Die Tiere werden von Fischern oder Badenden gefunden oder am Strand angespült und dann in diese Klinik gebracht. Eine Hauptursache von Verletzungen sind die im Meer umhertreibenden Geisternetze, Fangleinen oder Plastikabfälle, die ins Meer gelangen und in denen sich die Tiere verfangen.

Bis vor circa 20 Jahren war Fuerteventura sogar die Kinderstube dieser Spezies. Sie kam an Land und vergrub ihre Eier an den damals noch einsamen Stränden, um sie von der Sonne ausbrüten zu lassen. Die Einheimischen sammelten früher die Eier zum Verzehr, das dezimierte die Bestände beträchtlich. Auch die zunehmend touristische Nutzung bewegte die Schildkröte dazu, andere Brutgebiete zu suchen. Heute gibt es keine natürlich brütenden Schildkröten auf Fuerteventura mehr.

Ein Projekt zur Aufzucht von Jungen durch den Import von Eiern aus anderen Regionen der Erde, welches bis 2014 am Strand von Cofete betrieben wurde, sollte dafür sorgen, dass die hier geborenen Schildkröten irgendwann an ihren Geburtsort zur Eiablage zurückkehren. Darauf warten die Projektleiter nun. In dieser Klinik kann man die lebenden Tiere in ihren »Pflegebecken« beobachten, Infotafeln erklären die Notwendigkeit dieser Hilfsaktion. Ein direkter Zugang zur Anlage ist nur möglich, wenn man sich vorher anmeldet.

Adresse Puerto del Morro Jable, 35625 Morro Jable | Anfahrt In Morro Jable der Ausschilderung »Puerto« (Hafen) folgen. Unten angelangt, im Kreisverkehr gleich die erste Gelegenheit rechts. Dann noch 200 Meter auf der rechten Seite. | Öffnungszeiten Anmeldung unter www.tortugariofuerteventura.com | Tipp Unbedingt im Restaurant »Cofradía« in der Parallelstraße einkehren und fangfrischen Fisch essen.

66 Der verwaiste Freizeitpark

Touristische Fehlplanung, niemand verantwortlich

Einst als Luxusdestination geplant, gehört diese Urbanisation heute zu den zehn ärmsten Regionen der Kanaren. Defekte Bürgersteige, fehlende Straßenbeleuchtung, vernagelte Fenster und ein Geisterhaus, welches mal ein Wasserpark werden sollte. Das heißt, er war so gut wie fertig eingerichtet, ging nur nicht in Betrieb, weil wichtige Betriebsgenehmigungen schlicht und einfach fehlten oder abgelehnt wurden.

Aber der Anblick täuscht ein wenig, denn dieser Ort, inzwischen umbenannt in Costa Antigua, um das negative Image loszuwerden, lebt. Und wie. Menschen aus zig Ländern, überwiegend in der Tourismusbranche, am unteren Ende der Einkommenshierarchie arbeitend, haben hier eine preiswerte Bleibe gefunden und sich ihr Leben eingerichtet. Mit einer Miete, die man sich noch leisten kann. Damit nicht alles noch weiter verkommt, haben sich engagierte Bürger zusammengetan. Es gib einen Verein mit einem aktiven Vorstand, denn es ist nicht so, dass man ewig im Abseits leben möchte. Es werden Stadtteilfeste veranstaltet oder Kinderbetreuung organisiert, und was am wichtigsten ist: Man hilft sich gegenseitig. Not schweißt eben auch zusammen.

In den 80er Jahren des vergangenen Jahrhunderts ging eine gewaltige Welle über Fuerteventura. Der Tourismus boomte, Caleta de Fuste platzte aus allen Nähten. Schnell sollte gebaut werden, obwohl die Bauleitplanung fehlte und Genehmigungen auf dem »Bierdeckel« erteilt wurden. So fühlen sich denn diejenigen Behörden, die Abhilfe für die schlechten Zustände in dieser Urbanisation sorgen könnten, schlicht und einfach nicht zuständig.

Aber die Lage ist nicht schlecht, denn inzwischen verbindet eine tolle Uferpromenade dieses kleine Fleckchen am Meer direkt mit dem Rest der Welt. Wer die Ruhe mit Nähe zur Hauptstadt und dem Flughafen sucht, der wird hier ein Feriendomizil finden.

Adresse Costa Antigua/Avenida Marítima, 35610 Nuevo Horizonte | **Anfahrt** Über die FV 2 am Kreisverkehr Caleta de Fuste/El Matorral Richtung Nuevo Horizonte abfahren. An dem ersten Kreisverkehr links ab in die Calle Artesanto Paquito Batista, in die Rechtskurve abbiegen (Avenida Los Tahahares) und immer geradeaus Richtung Meer. Ganz unten rechts abbiegen in die Calle Folia. 100 Meter hinter dem Kinderspielplatz sieht man rechts den verwaisten Freizeitpark. | **Tipp** Eine der schönsten Strandpromenaden, die vor allem behindertengerecht gebaut wurde, beginnt hier. Sie endet in Caleta de Fuste am Hafen.

67_Der Friedhof des Künstlers

Kein Ort der Trübsal, sondern der Kreativität

»Hallo, Pedro, wie geht's!«, rufen die Menschen, wenn sie den Friedhof in Pájara betreten. Wer hier herkommt, trifft meistens auf Pedro, und man erkennt sofort, was er ist. Pedro ist Künstler. Er macht auf diesem Friedhof das, womit man am wenigsten rechnet: Er macht Kunstobjekte aus Gegenständen, die andere wegwerfen. Es ist aber nicht normal, dass man auf einem Friedhof der Insel jemanden antrifft, der so liebevoll für Ordnung und Dekoration sorgt. Meistens sind diese Orte doch recht kühl und fern von jeglichem Leben. So stellt sich wohl niemand die letzte Ruhe vor.

Aber an diesem Ort gluckern kleine Brunnen in Schalen, mit Mosaik beklebt, es leuchten knallbunte Figuren, die beim näheren Hinsehen aus Plastikteilchen bestehen, und in den Bäumen hängen rankende Pflanzen in alten Körbchen.

Wer seinen verstorbenen Angehörigen einen Besuch abstattet, freut sich nicht nur an den vielen bunten, originellen Kunstwerken, sondern weiß, dass dies ein ganz besonderer Ort ist. Hier wird getrauert, erinnert, gewundert und sich an Farben und an dieser friedlichen Stille gefreut. Die schmucklos gemauerten Betonfächer für die Urnen sind schnell vergessen, die Menschen, die sich und Pedro hier treffen, scherzen, lachen und sind sich wohl einig: Besser hätten es die Verstorbenen nicht treffen können.

Lange Zeit war Pedro als Restaurateur mit einem besonderen Sinn für Schönheit und Details beschäftigt und hat für die Gemeinde Pájara alte Ruinen originalgetreu aufgebaut, Kirchenportale verschönert oder Schilder bemalt, und irgendwann gab es keine Arbeit mehr für ihn, außer… den Friedhof zu pflegen vielleicht? Was für ein Glück! Was daraus geworden ist, kann jeder in der Gemeinde Pájara bestaunen. Der Weg zum Friedhof ist recht kompliziert wegen der vielen Einbahnstraßen.

Adresse Camino Machín Pájara, 35628 Pájara | **Anfahrt** Aus der Ortsmitte Pájara an der Kreuzung, zunächst links nach Ajuy abbiegen, danach aber geradeaus fahren in die Calle La Cañada, an der nächsten Abzweigung rechts halten in die Calle Las Veredes, immer weiter geradeaus, bis nach circa 800 Metern auf der rechten Seite der Friedhof erscheint. | **Tipp** Der Friedhof liegt direkt an dem Weitwanderweg GR 131, den man zunächst bis Cardón in einer atemberaubenden Hügellandschaft bewandern kann.

68 Das Kirchenportal

Wo die Azteken Pate standen

Keine stadtplanerische Glanzleistung war es, die Kirche von den hohen modernen Verwaltungsgebäuden fast erdrücken zu lassen. Dennoch ist diese Kirche etwas ganz Besonderes. Es stand zunächst nur eine kleine Kapelle in Pájara. Aber wegen der vielen fruchtbaren Äcker rund um den Ort wuchs dieser, und immer mehr Menschen ließen sich häuslich nieder. Die kleine Kirche platzte aus allen Nähten. Außerdem war man bisher direkt abhängig von der Hauptkirche in Betancuria und musste wegen jeder Kleinigkeit um Erlaubnis bitten. Dann hatte man dort ein Einsehen und weihte endlich im Jahre 1711 die neue, inzwischen sehr viel größere Kirche in Pájara offiziell als »Hilfspfarrei« ein.

So weit ein fast normaler Werdegang einer Kirche auf Fuerteventura. Natürlich gab es von der Diözese kein Geld für den Bau, das war alles Sache der Bürger, die tatkräftig oder finanziell mit anpacken mussten. So entstand auch das auffällige besondere Portal mit seiner hervorragenden Steinmetzarbeit, wie sie damals bereits für diese Gegend berühmt war.

Im Falle dieser Kirche bekam der Steinmetz eine besondere Vorgabe für die folgenden dekorativen Elemente: Schlangen, geometrische Figuren, Sonnen, Mond, Vögel, Löwen und Menschen mit Federbüschen auf dem Kopf. Alles Elemente, die nicht typisch für Fuerteventura sind. Man erzählt sich, ein nach Mexiko ausgewanderter Kanarenbewohner habe diese einzeln hergestellten Motivblöcke gestiftet, unter der Bedingung, dass man diese Motive über dem Kirchenportal anbringe. Eine Hommage auch an die Ureinwohner Mexikos vor der spanischen Eroberung. Eine andere Theorie besagt, dass die Idee zu diesen Motiven von einem damals sehr bekannten italienischen Zeichner stammte, der im 16. Jahrhundert berühmt für seine zeichnerischen Vorlagen für viele Ikonenbilder war. Besonders soll er Darstellungen aus der Zoologie geliebt haben.

Adresse Iglesia de Nuestra Señora de Regla, 35628 Pájara | Anfahrt Mitten im Ort direkt an der Hauptstraße, nicht zu verfehlen. Der große Parkplatz befindet sich rechts hinter der Kirche. | Tipp Gegenüber der Kirche, auf dem Vorplatz der Gemeindeverwaltung, steht eine restaurierte »Noria de Tiro«, mit der man vor 100 Jahren das Wasser aus dem Brunnen schöpfte. Ab und an führt dort ein Landwirt mit seinem Esel die Funktionsweise vor.

69_Der Zufluchtsort

El Jablito hat eine besondere Geschichte

Ein Refugium für Fischer und Muschelsammler seit Urzeiten, eine Militärsiedlung, ein futuristisches Tourismusprojekt und ein mutiger Aufstand der Bewohner! Dieser Ort hat wirklich vieles erlebt. Nun ist erst einmal Ruhe eingekehrt, und die kleinen Fischerboote schaukeln gemächlich in dieser pittoresken Bucht, weitab vom Tourismus.

Was diesen Ort so beschaulich macht, sind vor allem die Abgeschiedenheit, der kleine gelbe Sandstrand und das türkisblaue Meer. Kein Ort ohne Heiligenschrein: Die hiesige Statue ist der Heiligen Jungfrau de la Caridad del Cobre gewidmet und in einem kleinen Boot untergebracht. Ein Geschenk eines alten Fischers, als dieser sich zur Ruhe setzte. Die Bewohner hatten es sich im Laufe der Jahrzehnte gemütlich gemacht, kleine Häuschen gebaut, mit der Familie den Sommer verbracht, und alles war in Ordnung. Nomadenhaftes Siedeln am Meer hat Tradition auf Fuerteventura. Die örtlichen Behörden sahen nie einen Anlass einzuschreiten. Heute haben derartige Siedlungen Bestandschutz.

Vorbei war es mit der Ruhe, als sich im Jahre 1989 eine spanische Firma unerwartet als neuer Besitzer des gesamten Areals vorstellte und einen Schweizer Unternehmer mitbrachte, der genau hier in El Jablito und entlang der Küste eine Luxus-Feriensiedlung bauen wollte. Man bejubelte ihn vonseiten der Regierung, zumal von einer Investition in Höhe von 55 Millionen Peseten die Rede war. Zwei Luxushotels, 30 Restaurants, 1.000 Wohnungen und ein Sportboothafen mit 400 Liegeplätzen, nicht zu vergessen ein Golfplatz direkt angeschlossen, waren geplant. Die Bewohner von El Jablito sollten umgesiedelt werden. Mit allen Mitteln kämpften die Bewohner um den Erhalt ihres Dorfes. Mit Erfolg! Das Projekt wurde fallen gelassen, und die ruinierte Küstenlandschaft mit ihren bisher erschlossenen Straßen ist noch heute Zeuge einer erfolgreichen Bürgerinitiative.

Adresse Playa El Jablito, 35649 Parque Holandés | Anfahrt über die FV 104 am Kreisverkehr mit der Graffiti-Ruine Richtung Küste abfahren, die Piste Richtung Meer bis zum Ende | Tipp Eine Küstenwanderung Richtung Süden zum nächsten Strand, der sicherlich etwas weniger frequentiert ist.

70 Der endlose Strand

Man kann sich einfach nicht verlaufen

Woher kommt diese Sehnsucht nach dem Meer, nach dieser Unendlichkeit, diesen Farben? Das kleinste Fleckchen goldgelber Sand ließ uns bereits als Kinder im Sandkasten in Entzücken geraten. Und wenn man den längsten unbebauten, zusammenhängenden Sandstrand Europas entlangschlendern kann, dann ist es das Paradies. Bestehend aus zerriebenen Schalen der Meerestiere, ist er manchmal etwas weißer und manchmal ein wenig gelber und mischt sich in Ufernähe mit den Blauanteilen des Wassers zu unglaublich vielen Türkistönen.

Das Wichtigste vorweg ist der Blick auf den Tidenkalender, denn nur bei Ebbe ist der Strand auf der vollen Länge von fast 28 Kilometern durchgängig begehbar. Ab und an muss man über etwas Vulkangestein klettern, was ohne besondere sportliche Fähigkeiten möglich ist. Bei starkem Ostwind ist natürlich mehr Wasser da, und das berühmte Sandpeeling sorgt für einen zusätzlichen Wellnesseffekt.

Was man alles zu sehen bekommt, ist einfach unvergleichlich: Jogger, Nudisten, Sandburgen bauende Väter, Angler, bettelnde Streifenhörnchen, wilde Ziegen, Strandbars, flinke Sanderlinge, Wind- und Kitesurfer, Segelboote und niemals Menschenmassen. Die ganze Strecke in einem Durchgang vom Hotel »Barlovento« an der Costa Calma bis zum Hotel »Robinson Playa« in Jandía zu schaffen, ist schon recht heftig. Aber man kann ja jederzeit »aussteigen« und sich mit dem Bus an den Ausgangsort zurückfahren lassen.

Abhängig von den Jahreszeiten ist übrigens mehr oder weniger Sand da. Nein, er ist nicht verschwunden, nur von der Meeresströmung woanders abgelagert worden. Und das kann auch im Laufe der Jahre wieder sehr unterschiedlich ausfallen. Da lässt sich das Meer nicht reinreden.

Bei hohem Wellengang geht man besser nicht baden, und in der berühmten Lagune beim Hotel »Gorriones« sollte man sich nicht lang in den Sand legen, denn dort fühlen sich Sandflöhe besonders wohl.

Adresse Costa Calma/Hotel Crystal Beach, 35627 Costa Calma | **Anfahrt** Abfahrt von der Autobahn FV 1 bei Costa Calma-Oeste, am 1. und 2. Kreisverkehr Richtung Costa Calma. Am nächsten Kreisverkehr links raus und dann gleich wieder rechts in die Avenida Jahn Reisen, hier die zweite Straße links rein und Parkplatz suchen. Am Ende der Straße geht ein Fußweg hinunter zum Strand. | **Tipp** Tolles Ambiente und sehr nette Bedienung direkt am Strand unter Palmen in dem Restaurant »Costa Beach« in der Calle Roque del Moro.

71 Die Winddüse

Dümpeln in der Lagune oder speeden im offenen Meer

Er ist eine Legende für Fuerteventura und die Welt der Windsurfer. Bereits im Jahre 1984, als die Reise auf die Insel noch ein Abenteuer war, gründete der Schweizer René Egli sein erstes Windsurf-Sportcenter an der Playa de Sotavento. Seit Beginn der 1980er Jahre kam er bereits auf die wüstenähnliche Urlaubsinsel und studierte akribisch die geografischen Gegebenheiten und die jahreszeitlich schwankenden Windverhältnisse.

Seine Liebe zum Wassersport, enormes Durchsetzungsvermögen und ein gutes Händchen fürs Marketing machten sein Surfcenter zu einem der größten und beliebtesten Treffpunkte für die weltbesten Wassersportler. Der Geheimtipp am Sotavento-Strand mit seinen konstanten Windverhältnissen wurde zum Geburtsort für den ersten Worldcup der Windsurfer. Von da an trafen sich bis vor Kurzem in jedem Sommer die Weltbesten, um sich in den Disziplinen Slalom und Freestyle für Kiter und Windsurfer zu messen. Dabei gab es ein riesiges Festzelt mit Tag und Nacht Party. Ein Medienspektakel allemal, und für die Insel konnte die Werbung als Wassersport-Eldorado nicht besser sein.

Während der Norden und einige Bereiche der Westküste die Wellenreiter und Brandungssurfer anlockten, wurde der Südosten das Reich der Windsurfer, zumal hier ab Juni für die Sommermonate konstant der Wind über den flachen Teil der Insel pfeift. Aber immer wieder gab es Differenzen mit zuständigen Behörden, Alternativen wurden gesucht, und dann kam Corona. Seit 2023 werden nun wieder internationale Wettbewerbe ausgetragen. René Egli verkaufte alles, nur der Name lebt weiter. Und natürlich der paradiesische Surfspot und das Hotel nebenan mit seiner Lagune zum Üben für die Anfänger. Immer noch zieht dieser Ort Tausende Wassersportbegeisterte jährlich nach Fuerteventura. Allein das Zuschauen ist für nicht so sportive Urlauber von einem windgeschützten Plätzchen schon ein Genuss.

Adresse Playa de Sotavento/Playa de la Barca, 35627 Costa Calma | Anfahrt Die Autobahn FV 1 bei Costa Calma-Oeste abfahren, am Kreisverkehr Richtung Costa Calma, am nächsten Kreisverkehr Richtung Playa de la Barca abfahren, immer geradeaus und in der großen Linkskurve Richtung Hotel »Melia«. Dort parken und zu Fuß zum Strand hinunter. | Tipp Geht man rechts hinunter, kommt man in die Lagune, die bei Flut vollläuft und den Anfängern im Kitesurfen als Trainingsort dient.

72 Das Schmetterlingsparadies

Kleine Freuden in den Badlands

Wieder war es ein Mitbringsel aus Afrika, welches für eine kleine Sensation auf Fuerteventura sorgte. Aber im Gegensatz zu den importierten Streifenhörnchen haben sich die in den 70er Jahren des vorigen Jahrhunderts eingeführten Seidenbäume *(Calotropis procera)* eher schüchtern vermehrt. Viele Einheimische arbeiteten zu jener Zeit in den Phosphatminen der damaligen Westsahara und brachten die Pflanzen mit auf die Insel. Die Seidenbäume stehen zwar auf der Liste der invasiven Pflanzen, sind aber keineswegs zu einer Plage geworden. Wir sehen sie oft in den trockenen Kiesbetten der Flusstäler an der Ostküste. Im Laufe der Jahre breiten sie sich, den Passatwinden folgend, in Richtung Südwesten aus.

An der Importpflanze klebten damals einige Eier des Afrikanischen Monarchfalters. So kam der hübsche Schmetterling nach Fuerteventura. Seidenbäume sind die Lieblingsspeise der Raupen. Kurz vor dem heutigen Museum der Siedlung der alten Mahos »La Atalyita« gibt es nun einen ganzen Wald voller Seidenbäume, in dem sich Hunderte Monarchfalter in jedem Entwicklungsstadium tummeln.

Wer Glück hat, kann das Schlüpfen eines Falters aus seiner leuchtend grünen Verpuppung beobachten. Man muss sich nur eine Weile umschauen. Eng verwandt ist dieser wunderschöne Fremdling mit dem berühmten Monarchfalter aus Mexiko, der ja wohl ungeheure Strecken zurücklegen kann. Nur hier in Pozo Negro scheint sich der komplette Lebenszyklus auf wenigen hundert Quadratmetern abzuspielen.

Es lohnt sich auch nicht, viel weiter zu fliegen, denn Nahrung gibt es in Hülle und Fülle für die gefräßige Raupe. Und noch ein Vorteil: Nahezu alle Teile des Seidenbaums sind für Mensch und Tier giftig. Deshalb werden sie von den Ziegen verschmäht.

Die Unterscheidung zu dem Mexikanischen Monarchfalter ist sehr einfach, denn dessen Flügel haben schwarze Adern.

Adresse FV 20, 35639 Pozo Negro | Anfahrt Von der FV 2 abbiegen nach Pozo Negro auf die FV 20, nach circa zwei Kilometern Abfahrt nach rechts zum »Poblado de Atalayita«. Dort nach 50 Metern sieht man bereits die Felder mit den Seidenbäumen. | Tipp Das Museumsdorf »Atalayita« ist sehr lohnenswert. Man fährt einfach die Piste weiter bis zum Ende. Über die sozialen Medien werden laufend Aktionen auch für Kinder angeboten. Überwiegend in spanischer oder englischer Sprache.

73 Die standfeste Ziege

Trotzig gegen Wind und Wetter

Seit Anfang des Jahres 2022 ist Fuerteventura um eine künstlerische Attraktion reicher. Die lang erwartete »Cabra al Viento«, die Ziege im Wind, wurde zunächst einmal auf dem staatlichen Messegelände in Pozo Negro aufgestellt. Zwar im Vorbeifahren von der Hauptstraße FV 20 gut zu sehen, kein Wunder bei acht Meter Höhe, aber zum genaueren Anschauen muss man zu den Öffnungszeiten der Anlage dort hineinfahren. Ein Anhalten auf dem stark befahrenen Flughafenzubringer ist sowieso verboten.

Eine nicht genauer bekannte Masse an Corten-Stahl hat der Künstler Juan Miguel Cubas verschweißt. Aus diesem Material werden Seecontainer gebaut, und so ist die Ziege besonders resistent gegen Durchrostung. Eine Meisterleistung, die vielen Patchworkteile so zu biegen, dass sie in ihrer Summe einen naturgetreuen Ziegenkörper ergeben. Drei Jahre lang hat der einheimische Maler und Bildhauer darauf gewartet, dieses gigantische Tier endlich aufstellen zu dürfen. Nicht, dass er so lange für die acht Meter lange, acht Meter hohe und dreieinhalb Meter dicke Ziege gebraucht hätte. Da gab es noch Unstimmigkeiten sowie einige Regierungs- und Stimmungswechsel zwischenzeitlich.

Aber nun freuen sich alle, außer denen, die mit dem Geld lieber etwas anderes angefangen hätten, gilt doch der Sektor Viehzucht auf der Insel als besonders großzügig subventioniert. Der Clou an der Konstruktion ist das große viereckige Loch in der Mitte, durch das der Wind gut hindurchsausen kann. Viel Anlass zur Phantasie gibt auch die Leiter, was die Ziege schon etwas in die Nähe zum Trojanischen Pferd rückt. »Ein Schelm, wer Böses dabei denkt.«

In welcher Gemeinde die Skulptur dann endgültig ihre Heimat finden wird, steht noch nicht fest. Bewerber gibt es sicherlich genug, denn sie ist schon jetzt das nächste Top-Foto-Model.

Der Künstler Juan Miguel Cubas ist waschechter Insulaner und begeistert auch mit seinen Skulpturen aus Stein.

Adresse Granja Experimental Agrícola, 35639 Pozo Negro | Anfahrt Abfahrt von der FV 2 Richtung Pozo Negro auf die FV 20. Gleich nach 100 Metern rechts ist eine Einfahrt in die Anlage. Achtung Öffnungszeiten! | Tipp Die Straße bis zum Meer bis Pozo Negro fahren. Bei Ebbe kann man schön geschützt baden.

74 Das Domizil

Die Zeit der Verbannung nutzen

Am 20. Februar des Jahres 1924 verbannte der damalige spanische Diktator General Primo de Rivero den für ihn politisch unbequemen Professor und Rektor der Universität Salamanca, Miguel Unamuno. Zusammen mit ihm wurde im darauffolgenden Monat der Politiker und Journalist Rodrigo Soriana Richtung Fuerteventura geschickt. Auf der Insel angekommen, versammelte der Philosoph Unamuno Freunde und Kollegen um sich und begann, über die Insel zu schreiben. Was für ein Glück für die Insel, über die nie wieder so viel Sinniges geschrieben wurde!

Niemand kannte die Insel kurz vor Afrika, und die Militärregierung dachte wohl eher an die Hölle für einen unbequemen Regimekritiker. Der aber richtete sich damals in dem einzigen Hotel gegenüber der Kirche häuslich ein und schrieb. Der Exilaufenthalt von Unamuno dauerte nur kurze Zeit, denn er beschloss nach nur vier Monaten Aufenthalt, die Insel zu verlassen und nach Paris zu gehen, um von dort aus gegen das ihm so verhasste Militärregime zu kämpfen. Es gelang ihm die Ausreise, er verschiffte sich von Las Palmas aus nach Lissabon und gelangte von dort aus nach Cherbourg.

Das Gebäude, in dem sich Unamuno während seiner Zeit auf Fuerteventura aufhielt, wurde im Jahre 1983 von der Gemeinde mitsamt Mobiliar, Dokumenten und privaten Fotografien des Dichters erworben und zu einem Museum umgebaut. So wurde dieser Ort der Öffentlichkeit zugänglich gemacht. In seinen Schriftwechseln mit einem Freund äußerte er den Wunsch, am Fuße des Vulkans Montaña Quemada nahe Tindaya beerdigt zu werden. Dem wurde leider nicht entsprochen. Er starb im Jahre 1936 in Salamanca, wo er auch begraben wurde. Die Inselregierung ließ ihm allerdings im Jahre 1990 eine überlebensgroße Statue ebendort, an dem von ihm so geliebten Vulkan Quemada, errichten, um die Erinnerung an einen außergewöhnlichen Besucher aufrechtzuerhalten.

Adresse Calle Virgen del Rosario / Plaza del Paz, 35600 Puerto del Rosario | Anfahrt Im Ort die Hauptstraße von Süden kommend (FV 2) am Kreisverkehr mit den tanzenden Frauen rechts abfahren. Und einen Parkplatz suchen. Das Museum ist direkt gegenüber der Kirche am Anfang der Fußgängerzone. | Tipp Ein Spaziergang durch die Fußgängerzone bis zum Meer hinunter. Originell: In den vielen kleinen Bars und Boutiquen trifft man überwiegend Einheimische und Geschäftsleute in lebhaften Diskussionen.

75 Der Kalkbrennofen

Las Oramas wird zum Museum

Eine Bürgerinitiative hat gewonnen! Eine Petition des Kulturvereins, die durch eine Restaurierung dieses Kalkofens zum Erhalt des kulturellen Erbes beitragen wollte, hatte Erfolg. Die Kulturbehörde der Inselhauptstadt legte sich mächtig ins Zeug und restaurierte die bis vor Kurzem noch recht verwahrlosten Ruinen im Stadtteil El Charco. Denn was einst in jeder Bucht an West- und Ostküste, die mit Booten halbwegs erreichbar war, die Landschaft dominiert hatte, ließ man am Ende völlig verwahrlosen.

An diesem Ort im Stadtteil »El Charco«, traditionell ein Refugium der ehemaligen Fischer, ist nun etwas Besonderes entstanden. Ende März 2023 wurde hier ein Interpretationszentrum eingeweiht, um dem Inselbesucher in hellen, freundlichen Räumen die Geschichte und die wirtschaftliche Bedeutung der Kalkbrennerei mit den unterschiedlichsten Medien zu erklären. Für viele Menschen, die noch bis in die 1950er Jahre dort harte Arbeit verrichten mussten, ist das auch ein Stück Vergangenheitsbewältigung und wird deshalb vom größten Teil der Einheimischen sehr begrüßt.

Bis Ende der 1940er Jahre war Kalk jahrhundertelang der Verkaufsschlager Fuerteventuras. Reich an Meeressedimenten ist der Inselboden, der überwiegend aus den fein geriebenen Schalen der Muscheln und Schnecken besteht. Durch Senkung des Meeresspiegels und die Hebung weiter Teile der Insel sowie durch chemische Prozesse kam es zu einer Bildung von Kalkplatten. Für die Bevölkerung war der Kalkabbau ein gutes Zubrot, zumal die Landwirtschaft infolge fehlender Niederschläge immer wieder darniederlag.

In Küstennähe wurden Kalkplatten in Handarbeit abgebaut, auf Lastentiere verladen und in den Brennöfen zu Kalkpulver gebrannt. Die Säcke verlud man auf Segelschiffe, die wiederum die großen, weiter draußen liegenden Schiffe ansteuerten. Irgendwann übernahmen Lastwagen viele Transportwege, und viele der kleinen Häfen der Insel verloren ihre Bedeutung.

Adresse Calle Tomás Morales, 35600 Puerto del Rosario | Anfahrt Von Süden kommend über FV 2 nach Puerto del Rosario fahren und gleich am ersten Kreisverkehr rechts ab in die Calle Duero bis hinunter ans Wasser. Diese Avenida Reyes de España bis zum nächsten Kreisverkehr. Dann geradeaus weiter zum nächsten Kreisverkehr, dann halb links in die Calle Almirante Lallermand, geradeaus weiter bis zur Calle Gregorio Marañión Richtung Wasser. Straße macht eine Linkskurve in die Calle Tomás Morales. | Tipp Hier an der Uferlinie gibt es die besten Restaurants der Stadt. Besonders abends ein echtes Erlebnis. Man sitzt immer draußen, mit dem typischen Duft von Fisch und Hafen.

76 Der Luxusweg am Meer

Die »Avenida Marítima« entschleunigt und verbindet

Wer kennt sie nicht, die ganz besondere Hektik der südländischen Großstädte. Obwohl Fuerteventuras Hauptstadt eher untypisch ist. Zumindest wirkt kein Einheimischer irgendwie gestresst, eher total entspannt. Aber die allgegenwärtige Geräuschkulisse aus Lautsprechern, Verkehr und Espressomaschinen kann schon anstrengend sein.

Die Stille, der typische Geruch nach Fisch und Hafen und ein langer bequemer Weg zu einem der schönsten Strände der Stadt machen diesen Ort zu etwas Besonderem. Tatsächlich aber wird dieser Küstenpfad von den Einheimischen eher als Trimmpfad benutzt: Es wird geradelt, gejoggt und gewalkt. Er ist komplett behindertengerecht konzipiert. Sowohl der Einstieg als auch der Zugang zur einen Kilometer entfernten Playa Blanca ist mit Rollstühlen und für Gehbehinderte einfach zu benutzen. Außerdem säumen etliche Parkbänke die Strecke und laden zum Verschnaufen ein. Kulturell aufgepeppt wird das Ganze durch zahlreiche imposante Skulpturen bekannter Bildhauer.

Der Blick auf das geschäftige, aber unaufgeregte Treiben im Meer ist besonders entspannend: Eilige Rettungsboote jagen aufs Meer hinaus, Kajakfahrer kämpfen gegen Wind und Strom, Fischerboote tuckern am Horizont vorbei, nahezu stündlich rauschen die Schnellfähren aus Gran Canaria oder Containerschiffe vom fernen Festland herein, und ein besonderes Highlight ist in den Wintermonaten die Ein- und Ausfahrt der bis zu 300 Meter langen Traumschiffe.

Die gerade im Jahre 2023 fertiggestellte Avenida Marítima ist mit ihren eineinhalb Kilometer Länge ein reiner Fußweg. Sie verbindet ganz exakt zwei imposante Gebäude miteinander: das Kongresszentrum in der Hauptstadt mit dem alten Parador und jetzigem Hotel »El Mirador« an der Playa Blanca. Letzteres hat damit eine echte Aufwertung erfahren. Zu den Gesamtkosten von knapp einer Million Euro hat die Europäische Union einen guten Teil beigetragen.

Adresse Calle Paraje Carretera Playa Blanca, Palacio Congreso y Formación, 35600 Puerto del Rosario | Anfahrt Parkplatz gegenüber dem Palacio, links am Gebäude vorbei Richtung Meer gehen. Die Allee beginnt hier. | Tipp Im Palacio finden regelmäßig, außer in den Sommermonaten, Konzerte, Opern und Ballettaufführungen statt. Karten hierfür gibt es unter www.entrees.es.

77 Die Skulptur

Als das Wasser noch getragen werden musste

Ein besonders verantwortungsvoller Beruf auf Fuerteventura war der des Wasserträgers. Die Bronzeskulptur zeigt einen sogenannten Aguador mit seinen zwei ausgedienten Olivenöl-Kanistern. Er ging wie Hunderte seiner Kollegen bis in die 1960er Jahre von Haus zu Haus und lieferte das unentbehrliche Trinkwasser, welches aus öffentlichen Zisternen entnommen wurde. Der Aguador arbeitete auf eigene Rechnung, ließ sich also von den Kunden bezahlen. Das Wasser aus Reservoirs oder Frischwasserquellen war knapp und deshalb stark rationiert. Jeder Familie in der Hauptstadt standen damals pro Woche sechs Kanister Wasser zu. Damit musste gekocht und gewaschen werden. Dafür wurden Gutscheine ausgegeben. Die beiden Depots der Hauptstadt waren gut bewacht. Eine Zisterne stand hinter der Kirche, die andere genau dort, wo sich heute der Kreisverkehr direkt am Hafen befindet.

Große Tanks wurden auf anderen Kanarischen Inseln mit Wasser befüllt und mit Schiffen der spanischen Marine Mitte des 20. Jahrhunderts nach Fuerteventura gebracht. Auch nach Gran Tarajal wurde Frischwasser von Gran Canaria oder Teneriffa herangeschafft und vom Hafen aus auf Eseln und Kamelen in die ländlichen Regionen verteilt. Im Ort gab es ein Depot inmitten der Stadt, wo noch heute ein Springbrunnen vor dem Postamt an diese schlechten Zeiten erinnert.

Die Wasserversorgung auf einer derart niederschlagsarmen Insel wie Fuerteventura wurde besonders für die wachsenden Städte immer prekärer. Endlich wurde Anfang der 1970er Jahre ein erweitertes Versorgungsnetz für die umliegenden Dörfer mit den ersten Meerwasserentsalzungsanlagen installiert.

Auch heute noch wird das Trinkwasser in Plastikflaschen überwiegend aus den Frischwasserquellen der Nachbarinseln bezogen. Denn das Wasser aus den Meerwasserentsalzungsanlagen eignet sich wegen des hohen Chlorgehaltes nur für den sanitären Bereich.

Adresse Avenida Juan Bethencourt / Calle León y Castillo, 35600 Puerto del Rosario | Anfahrt Über die FV 2 nach Puerto del Rosario reinfahren, am 3. Kreisverkehr (drei tanzende Frauen) rechts ab in die Calle León y Castillo. Am nächsten Kreisverkehr zurück in die Gegenrichtung, dann 1. Straße rechts und gleich wieder links. | Tipp Das Café »EL 36« in der León y Castillo, direkt gegenüber von der Kirche, ist Kult, und dort muss man einmal gefrühstückt haben.

78 Die Vision an der Wand

Ein echter Kämpfer für soziale Gerechtigkeit

Wohl dem Traumschiff-Reisenden, der einen kompetenten Reiseleiter zur Hand hat, der ihm diese bedeutungsvollen Zeilen übersetzen kann, die ihm gegenüber der Hafenmole entgegenleuchten: *»Un día habrá una isla que no sea en silencio amordazado« Pedro García Cabrera – Para la ciudad de Puerto Cabras* – »Eines Tages wird es eine Insel ohne Schweigepflicht geben« Pedro García Cabrera – für die Hauptstadt Puerto Cabras. So steht es dort an der Wand, vor der eine Treppe in den historischen Stadtkern hinaufführt. Puerto Cabras war der alte Name der Inselhauptstadt Puerto del Rosario. Man wollte wohl mit der Umbenennung das Bäuerliche, Ländliche abstreifen, die Ziegeninsel hinter sich lassen. Noch heute wird die Insel bei den Besuchern von den großen Kanaren-Inseln ein wenig spöttisch so genannt.

Pedro García Cabrera, der Verfasser dieser berühmten Zeilen, hatte ernstere Zeiten erlebt: zwei spanische Diktaturen und einen Bürgerkrieg. Und während dieser Zeit war er Dichter, Poet, Schriftsteller und Herausgeber einer Zeitschrift. Er trat laut für seine sozialistischen Überzeugungen ein, dichtete über die Natur, die Liebe als Urkraft und die Verpflichtung zu sozialem Engagement. Dafür wurde er mehrfach inhaftiert, verbannt, misshandelt.

Sein Leben auf den Kanarischen Inseln in diesen anstrengenden Jahren beschreibt er so: »Ist das die Einsamkeit oder das Paradies«, er entscheidet, dass beides zutrifft. Im Todesjahr Francos 1975 veröffentlichte er sein wohl interessantestes Buch im Genre »Soziale Poesie«, der Titel lautet »Las Elegías muertas del hambre« (Die Todesklagen des Hungers). Den Sieg der Demokratie und die Regierung mit den Sozialisten an der Spitze durfte er noch erleben. Der auf La Gomera 1905 geborene Poet starb 1981 auf Teneriffa.

Rechts neben dem Wandgemälde befindet sich, zaghaft restauriert, der letzte Rest einer alten Hafenmauer von »Puerto Cabras«. Das war der alte Name von Puerto del Rosario.

Adresse Avenida Reyes Españoles, 35600 Puerto del Rosario | **Anfahrt** über die FV 2 in Puerto von Süden kommend am ersten Kreisverkehr rechts abfahren, am nächsten Kreisverkehr geradeaus und unten parallel zum Meer circa 300 Meter fahren, einen Parkplatz suchen und über die Straße gehen, dort am Kinderspielplatz 100 Meter weitergehen | **Tipp** Kleinen Snack im »Zielo« einnehmen. Die Treppe hoch und dann links gehen. Von dort ein traumhafter Blick auf den Hafen. Im Herbst und Winter legen gegenüber immer donnerstags die Traumschiffe an.

79__Die bemalte Wand

Street-Art mit Tiefsinn von Matias Mata

Steht man hier vor dem nunmehr vier Jahre alten Wandbild des Fischers, der einen Fisch in den Händen hält, hofft man inständig, dass dieses Wunderwerk noch viele Jahre der Vergänglichkeit trotzen möge. Der Künstler, der dieses Kunstwerk auf eine circa 15 mal 20 Meter große Hausfassade gemalt hat, heißt Matias Mata und ist gebürtig aus Lanzarote. Seine Werke, die er mit seinem Künstlernamen »Sabotaje al montaje« signiert, wurden jüngst zu den weltweit besten dieser Kunstform erklärt.

Das Bild des »El Pescao hablador« soll erinnern an die Proteste gegen neue Ölplattformen in unmittelbarer Nähe der Fischgründe der einheimischen Fischer. In der Darstellung entspringt dem Fischmaul eine Öl-Fontäne. Es gab damals massive Einwände gegen die Bohrungen, da man für Fischbestände und Entsalzungsanlagen eine erhöhte Gefährdung sieht. Das Thema ist mittlerweile vom Tisch.

Ein weiteres Wandgemälde von Matias Mata, der in den 1990er Jahren auch mit illegalen Graffiti-Malereien begann, befindet sich ebenfalls in der Inselhauptstadt, in der Calle María Estrada. Es zeigt ein junges Paar, welches ein Dorf gestaltet. »En Construcción« – Im Aufbau, so der Name dieses gigantischen Kunstwerkes, dessen Motiv darauf hinweisen soll, endlich den jungen Menschen Platz zur Gestaltung ihrer Umgebung zu geben. Wandmalereien sind weltweit in Mode. Matias Mata hat noch große Pläne, solange die Welle anhält, möglichst viele Projekte zu realisieren. Und das sieht gut aus.

Seine nackte Frau auf dem Stuhl, gemalt auf 200 Quadratmeter Fassadenfläche, erhielt einen Preis des »Street Art Cities Award« und ist somit derzeit eines der besten Werke weltweit. Fast zehn Jahre hatte er auf eine freie Fläche in dieser Größenordnung gewartet. Leider waren auf den Kanaren keine Fassaden zu finden. So freuen sich nun die Bürger von Alberic bei Valencia über diesen Anblick.

Adresse Calle Cid Campeador, 35600 Puerto del Rosario | **Anfahrt** Um dem Gewirr von Einbahnstraßen zu entgehen, parkt man unten am Wasser in der Calle Tomás Morales bei den Kalköfen (Nr. 76) und geht die Calle Juan XXIII. hoch und die 2. links. 50 Meter, dann ist die besagte Hauswand auf der rechten Seite. | **Tipp** Ein kleiner Spaziergang am Wasser und den ewig nach Köderfisch suchenden Fischern beim Fang zuschauen.

80 Der südlichste Hafen

Puerto de la Cruz bleibt im Abseits

Dieser Fischerort am Ende der Welt bringt so manchen Besucher ins Träumen, ob der nun mit Mietwagen, auf Safaritour, mit einem Funcruiser oder mit dem Bus hier heruntergefahren ist. Die Abgeschiedenheit und der berauschende Blick auf die Berge von Jandía auf der einen und das Meer auf der anderen Seite macht schon neidisch. Von hier kann man ganzjährig die Sonne untergehen sehen und Zeuge eines äußerst lässigen Lebens der circa 35 Bewohner werden.

Früher wie heute ein Zufluchtsort mit Problemen. Wer die Entfernung zur Zivilisation und die Beschaffenheit der Schotterpiste nach starken Regenfällen kennt, fragt sich, wie man hier leben kann. Wasser, Diesel für den Stromgenerator und die Müllabfuhr waren nahezu jahrzehntelang gratis, weil sie von der Gemeinde Pájara bezahlt wurden. Im Laufe der Jahre entstand sogar eine Wohnwagensiedlung, deren Eigentümer sich mit einem Dauerwohnsitz einrichteten. Jeder mit seinem eigenen Stromerzeuger, Fernsehantenne und einem Wirrwarr an Kabeln. Und nun sind viele im Jahre 2022 abgebrannt. Weder die Abfall- noch Abwasserentsorgung geschweige denn ordnungsgemäße baurechtliche Angelegenheiten sind geklärt. Spätestens nach dem Brand, bei dem gottlob keine Menschen zu Schaden gekommen sind, ist man behördlicherseits alarmiert.

Das hatte sich Gustav Winter, der bis zu seinem Tode maßgeblich an der Entwicklung dieses Ortes beteiligt war, völlig anders vorgestellt. Ein Flugplatz, ein Yachthafen an der alten Slipanlage und Gemüseplantagen in Reichweite, das waren nur einige seiner vielen Träume vom Tourismus des Südens. Der Südwest-Zipfel der Insel blieb aber bis heute im Abseits.

Allerdings muss man einmal dort gewesen sein, eine Tagestour lohnt sich immer. Der schwarze Leuchtturm aus Vulkangestein, die Tür in der Landschaft und die geniale Fischsuppe im Restaurant direkt am Meer sind es allemal wert.

Adresse Punta de Jandía / Puerto de la Cruz, 35626 Jandía | Anfahrt Von Morro Jable über die Carretera Punta de Jandía Richtung Cofete fahren. An der Abzweigung nach Cofete geradeaus weiterfahren, auf den großen Leuchtturm zu. In dem Örtchen Puerto de la Cruz parken. El Puertito liegt circa 100 Meter östlich des Ortes. | Tipp Fischsuppe im einzigen Restaurant probieren.

81 Die Landepiste

Der Ort der zerplatzten Träume

Als hätte man es sich nicht denken können. So flach wie nirgendwo, so weitab von allem, hier könnten Außerirdische unbemerkt landen. Und beinahe wäre es so ähnlich gekommen, nur viel irdischer.

Auf dem Weg zur Punta Pesebre verläuft tatsächlich parallel zur Küstenlinie in Nord-Süd-Richtung eine alte Landebahn für Flugzeuge. Reste von der Betonpiste sind noch sichtbar, wenn auch von der Natur bereits zurückerobert. Ein idealer Ort für die 800 Meter lange und 75 Meter breite, nahezu ebene Landebahn, frei von Stein und mit sehr stabilem Untergrund. Geplant und gebaut hat diese Piste der legendäre Ingenieur und Besitzer der gleichnamigen Villa in Cofete, Gustav Winter.

Er begann damit im Jahre 1940, was immer wieder den Verdacht aufkommen lässt, es sei im Auftrag des Hitlerregimes geschehen, um den deutschen Flugzeugen im Zweiten Weltkrieg eine Landemöglichkeit zu schaffen. Nach Aussagen eines Sohnes von Gustav Winter wurde diese Landebahn angelegt, um einen Aeroklub zu gründen, und die Begründung seines Vaters für dieses Projekt sei gewesen, für die im Süden Lebenden eine Evakuierungsmöglichkeit in medizinischen Notfällen zu schaffen.

Auch nach Kriegsende bestand Winter auf einem weiteren Flugbetrieb, der ihm aber im Jahre 1950 von der militärischen Luftfahrtbehörde Spaniens untersagt wurde. Andere Quellen berichten von einem riesigen Projekt Winters, den Süden von hier aus für den Tourismus zu erschließen, wofür er wohl durchaus einige Mitstreiter aus Deutschland finden konnte. Wegen fehlender Genehmigungen verlief dieses Projekt im wahrsten Sinne des Wortes im Sande. Schriftlich belegt ist aber das unermüdliche Rühren der Werbetrommel Gustav Winters für die touristische Entwicklung Morro Jables. Er fand drei deutsche Investoren, mit denen er im Jahre 1966 das erste Hotel für deutsche Touristen in Morro Jable bauen ließ, die »Casa Atlantica«.

Adresse Punta de Jandía/Llanos de Angustura, 35626 Jandía | Anfahrt Von Morro Jable über die Carretera Punta de Jandía Richtung Cofete fahren. An der Abzweigung nach Cofete geradeaus weiterfahren, auf den großen Leuchtturm zu. In dem Örtchen Puerto de la Cruz führt eine Sandpiste Richtung Norden, parallel rechts zu dieser Piste verläuft die erste Start- und Landebahn. | Tipp Am nördlichen Ende der Piste gibt es einen ausgeschilderten Wanderweg, der zur nördlichen Küste führt. Atemberaubende Felsformationen sind zu erwarten.

82 Die Tür in der Landschaft

Punta Pesebre ist eigentlich ein Leuchtfeuer

Ohne Hintergrundinformation erschließt sich dem Besucher dieses Ortes selbst bei näherem Hinschauen nicht der Sinn des Gebäudes. Allein seine Lage erklärt seine Funktion. Es handelt sich um ein Leuchtfeuer an der südwestlichsten Spitze der Insel. Er wird völlig autark, weil solar, betrieben. Nur ab und zu geht jemand durch diese Tür in der Landschaft: nämlich ein Mitarbeiter des spanischen See- und Schifffahrtsamtes, der nach dem Rechten schaut und die nötigen Wartungsarbeiten durchführt.

Wer die Südspitze mit dem Boot umschifft und sich nicht allein auf GPS verlassen will, findet auch diesen Punkt auf seiner Seekarte bei 14° 29,5' W – 28° 6,9' N. Ein Leuchtfeuer hat nicht die Reichweite eines Leuchtturmes, wurde aber für die Kennzeichnung besonders gefährlicher Stellen und Engpässe eingerichtet. Und das ist an diesem Ort ganz besonders wichtig. Der richtige Leuchtturm steht ganz in der Nähe und beherbergt heute eine wunderschöne Ausstellung über das Biosphärenreservat Fuerteventura.

»Punta Pesebre« heißt der kleine Zipfel am Ende der Welt, wo dieses Leuchtfeuer seit vielen Jahren seinen Dienst verrichtet. Und eigentlich ist der Name falsch, denn bei den Einheimischen heißt es hier »Punta Presebe«. Ein Schreibfehler der Kartografen, wie so oft auf den Karten der Insel, denn man ließ sich von den Einheimischen die Namen sagen. Dass da viel genuschelt wurde, kann man sich vorstellen. Das kanarische Wort »Presebe« steht für Seepocken und soll den Felsen beschreiben, welcher über und über mit dem Guano der Seevögel bedeckt ist und eben den Seepocken ähnelt.

Wie sich denken lässt, ist dieser Ort mit dem Auto zu erreichen und eignet sich perfekt für ein kleines Picknick, denn der Blick ist bei klarem Wetter einfach grandios. Am Horizont lässt sich in südwestlicher Richtung Gran Canaria entdecken, Richtung Norden kann man nahezu die gesamte Westküste hinaufschauen.

Adresse Punta de Jandía, Faro de Pesebre, 35626 Jandía | Anfahrt Von Morro Jable über die Carretera Punta de Jandía Richtung Cofete fahren. An der Abzweigung nach Cofete geradeaus weiterfahren, auf den großen Leuchtturm zu. In dem Örtchen Puerto de la Cruz führt eine Sandpiste Richtung Norden, an deren Ende das kleine Leuchtfeuer auftaucht. | Tipp Diese letzte Strecke zu Fuß gehen und die atemberaubende Küste genießen.

83__Die Windkraftanlage

Ein gut gemeintes Projekt floppt am Ende der Welt

Als Anfang der 90er Jahre des vergangenen Jahrhunderts das Forschungsteam einer Ingenieurschule aus Gran Canaria ein Projekt zur alternativen Trinkwasserversorgung für diese entlegene Region begann, war man froher Erwartung. Die Idee war klasse, denn damals lebten etwa 60 Personen mit ständigem Wohnsitz in dem südlichsten Fischerort El Puertito de la Cruz, die nur auf umständlichste Weise zu frischem Wasser kamen. Mit der Windkraftanlage, damals neuester Standard, sollten 3.500 Kubikmeter Wasser entsalzt und 700.000 Kilowatt Strom jährlich erzeugt werden. So der Plan. Da es Zuschüsse für den Bau der Windkraftanlage gab und der Hersteller erfreut war, einen Fuß, zumindest erst einmal einen Turm, auf die Insel des Windes setzen zu können, war sie schnell errichtet.

Die besagte Turbine ist nie in Betrieb gegangen, das Projekt wurde nie realisiert. Über das Warum kann man nur spekulieren. Eines steht jedenfalls fest: An mangelhafter Beteiligung des Windes kann es nicht gelegen haben. Und auf die Frage, warum denn die Windkraftanlage seit 20 Jahren dort herumsteht, weiß auch niemand so eine richtige Antwort. Vielleicht ist das einfach nicht wichtig genug.

Also zurück in die Steinzeit? Nicht ganz. Die Bewohner dort unten, die ja schon wegen der weiten Anfahrt zur Arbeit keine Dauerbewohner sind, lieben ihren Zufluchtsort und haben sich gut eingerichtet. Für so ein paradiesisches Leben am Ende der Welt muss man sich eben einschränken. Und so baute man sich ein großes Wasserdepot und lässt es sich von einem Tankwagen einmal pro Woche füllen. Als Stromversorgung fungiert ein Dieselaggregat, um die Funktion von Wasserpumpen und Ortsbeleuchtung zu garantieren. Nur mit der Entsorgung von Müll scheint man sich zu sehr auf die öffentliche Verwaltung zu verlassen. Und da ist wohl Nachbesserung und mehr Eigeninitiative auch durch die Bewohner gefragt.

Adresse Punta de Jandía/Puerto de la Cruz, 35626 Jandía | **Anfahrt** Von Morro Jable über die Carretera Punta de Jandía Richtung Cofete fahren. An der Abzweigung nach Cofete geradeaus weiterfahren, auf den großen Leuchtturm zu. | **Tipp** Der Leuchtturm »Faro Punta de Jandía« ist sehenswert und manchmal geöffnet für das Publikum. Er beherbergt eine Ausstellung über das Biosphärenreservat Fuerteventura.

84_Die Ziegenquelle

Wasser für Ziegen und Ausblicke für Menschen

Wer sich fragt, wie die umherstreifenden Ziegen in dieser wüsten Gegend überleben können, findet hier die Antwort. »Agua Cabra« ist eine von vielen unterirdischen Quellen, an denen das kostbare Süßwasser zutage tritt. Regenwasser aus den umliegenden Bergen ist unterirdisch in Richtung Meer geflossen und hat sich an diesem Ort gesammelt. Es wird am vollständigen Versickern gehindert, weil vielleicht eine Kalkplatte es verhindert. Diese »Ziegenquelle« ist nicht eine der schönsten, aber sie liegt in einer der spektakulärsten Landschaften der Insel. Dieser Ort ist, wie kann es anders sein, allerdings nur über eine circa zwei Kilometer lange Sandpiste zu Fuß zu erreichen. Aber es lohnt sich.

Ja, richtig! Das Befahren mit motorisierten Fahrzeugen ist hier strengstens verboten. Auch wenn einige Menschen meinen, das ignorieren zu können. Die Strafen sind empfindlich, und man wird immer beobachtet. Außerdem gibt es auf dem Weg so viele interessante Dinge zu beobachten: einen Canyon, der sich in einen paläontologischen Strand gegraben hat, skurrile Pflanzen, die in dieser Wüste eine eigene Überlebensstrategie entwickelt haben, und letztendlich den kleinen Tamariskenhain, der sich auch an dem Grundwasser bedient. Die Quelle selbst ist nur ein kleiner Flecken und sieht nicht besonders gepflegt aus, weil der Sand von den Ziegen zusammengetreten ist. Das Wasser sollte bitte nicht probiert werden. Es ist verunreinigt von den Hinterlassenschaften der Tiere und leicht salzig, was den Ziegen allerdings nichts ausmacht.

Aber jetzt wird es spannend, denn einige Meter weiter Richtung Meer gibt es den wunderschönen Blick in die Bucht »Playa Junquillo«. Es gibt einen Trampelpfad in Richtung Osten, den man bis zur Punta de Barlovento gut gehen kann. Von dort aus blickt man Richtung Norden über die komplette Bucht von Cofete am Fuße des Jandía-Gebirges. In der Ferne kann man die Gipfel der Montaña Cardón und die Berge von Betancuria erkennen.

Adresse Punta de Jandía/Punta de Barlovento, 35626 Jandía | Anfahrt Von Morro Jable über die Carretera Punta de Jandía Richtung Cofete fahren. An der Abzweigung nach Cofete geradeaus weiterfahren, auf den großen Leuchtturm zu. Von der Abzweigung aus circa sechs Kilometer fahren, dann stehen rechts Abfallbehälter. Dort parken und zu Fuß Richtung Norden auf dem Sandweg weitergehen. Nach 500 Metern an einer kleinen Abzweigung geradeaus weiter, bis man an die Quelle gelangt. | Tipp Von der Quelle aus führt ein Wanderweg auch Richtung Westen an der Küste entlang mit dem Ziel Punta Pesebre (Leuchtfeuer).

85 Der Drehort

Han Solo kämpfte im besten Klima der Galaxie

Kein Wunder, dass sich im Jahre 2016 die amerikanische Filmgesellschaft Disney Productions Fuerteventuras Westküste als Drehort für »Solo«, das Spin-off von »Star Wars«, ausgewählt hatte: Nahezu menschenleere Gegend, fast 365 Tage strahlender Sonnenschein und atemberaubende Naturkulissen ließen die Wahl auf Fuerteventura fallen. Es war natürlich alles total geheim, alle Statisten und Zulieferer wurden zum Schweigen verpflichtet, und zig Kilometer im Umkreis regelte man hermetisch ab. Hubschrauber, Security, gepanzerte Fahrzeuge und Hunderte Zelte und Container: ein wenig Hollywood auf Fuerteventura.

Nicht nur für Fans der »Star Wars«-Filme, sondern auch für Naturliebhaber ist dieser Ort ein Traumerlebnis. Der Ort liegt nicht nur an der Grenze zwischen Wüste und dem mächtigen Jandía-Gebirge, sondern hier beginnt auch der schönste Strand der Kanaren, der Playa de Cofete. An dieser Stelle heißt er noch Playa de Barlovento und ist nur schwer über einen schmalen Fußweg von hier oben aus zu erreichen. Aber allein der Blick Richtung Süden, bei klarem Wetter bis zum südwestlichsten Leuchtturm, ist ein Augenschmaus.

Noch ein Film wurde an dieser Stelle gedreht. Im Jahre 2017 entstand hier am Originalschauplatz die spanische Verfilmung des dramatischen Überlebenskampfes und der glücklichen Rettung des verunglückten Surfers Álvaro Vizcaino. Der Film mit dem Namen »Solo« war zwar kein Kassenschlager, aber die Kulisse ist in fast allen Szenen wiederzuerkennen.

Längst hat der Wind die Dünenlandschaft wieder hergerichtet, als wenn nie etwas gewesen wäre. Und das ist gut so. Geblieben ist eine gut ausgebaute Schotterpiste, die idealerweise mit einem Geländewagen direkt von der Autobahnausfahrt in einer halben Stunde diesen wunderbaren Ort erreichbar macht. Der Ort ist nicht ganz einfach erreichbar. Aber auch der knapp einstündige Fußmarsch direkt an die Küste lohnt sich.

Adresse Westküste/Punta Paloma, 35626 Jandía | Anfahrt Die Autobahn aus Richtung Norden kommend an der Ausfahrt Urbanizaciónes verlassen, rechts einer Sandpiste ins Landesinnere folgen (Allrad), circa drei Kilometer fahren. Bevor ein von Sand verwehter Weg rechts hochführt, das Auto parken und diesem Weg zu Fuß folgen bis zur Westküste. | Tipp Von dem großen Sandplatz (Drehort) aus kann man mit ausreichend Abstand zur Küste noch weiterwandern.

86__Der Barranco

Viele Türme und ein Wachturm der Eroberer

»Barrancos« werden die trockenen Flusstäler genannt, durch die während des seltenen Regens das Wasser sturzbachartig ins Meer gelangt. Der Barranco del Torre ist einer der größten Wasserläufe der Insel, und an einigen Stellen auf seinem kilometerlangen Weg zum Meer ragen die Felswände bis zu 30 Meter hoch. So tief hat sich in Jahrmillionen das Wasser seinen Weg gebahnt. Den Namen erhielt dieses Tal von einem Wachturm, der den Eroberern als Aussichtspunkt diente. Sie nutzten, wie wahrscheinlich bereits die Ureinwohner, diese strategisch günstige Position an der Ostküste, um einen Wachturm zu bauen, von dem aus man nicht nur heransegelnde Piraten rechtzeitig erspähen konnte, sondern auch einen guten Rundumblick hatte. Von diesen Wachtürmen, Torres genannt, gab es einige an der Ostküste, die dazu dienen sollten, die Meerenge zum afrikanischen Kontinent zu überwachen.

Der Turm vom Barranco de la Torre ist auch nur noch in seinen Grundmauern vorhanden. Denn niemand der nachfolgenden Siedler-Generationen interessierte sich mehr dafür. Der Turm hatte seine Aufgabe erfüllt, die Steine und Einrichtungen wurden anderweitig genutzt. Erst der Archäologe Sebastian Jíminez Sanchez machte 1945 die Entdeckung dieser Überreste und fand reichlich Metallspitzen von Schwertern, Dolchgriffe, Knochen und sogar Münzen.

Macht man eine kleine Rast in diesem immergrünen Tal, fühlt man sich irgendwie beobachtet. Mit gutem Grund, denn links und rechts der hohen Felswände erkennt man bei näherem Hinsehen Bunker, gut getarnt mit Steinen aus der Umgebung. Nur die beiden Sehschlitze haben garantiert strategische Bewandtnis. Einen dritten Bunker hat sich bereits das Meer geholt. Alle drei Betonklötze stammen aus der Zeit des Zweiten Weltkrieges. Das einzige Gebäude im Barranco, welches eine völlig unmilitärische Funktion hatte, ist der Kalkbrennofen direkt am Meeresufer.

Adresse Las Salinas/Boca Barranco de Torre, 35619 Las Salinas | Anfahrt Abfahrt von der FV 2 nach Salinas del Carmen. Vor dem Museum rechts, circa einen Kilometer die Piste bis zum Ende fahren und in der Bucht parken. | Tipp Im Ort Las Salinas gibt es ein wunderbares, schlichtes Restaurant »Los Caracolitos« (Öffnungszeiten: Mo–Fr 11–22 Uhr, Sa und So geschlossen).

87 Die Salinen

Mehr als nur ein Museum

Dieser Ort in der Mitte der Insel, über dem die Ferienflieger schon ihre Fahrwerke zur Landung ausgefahren haben, ist ein ganz besonderer Ort. Hier muss man bei schlechtem Wetter hin, wenn der Sturm braust und die schwarzen Regenwolken übers Meer ziehen. Schön kuschelig auf einer Bank im Museum vor einer großen Fensterscheibe oder draußen in einer windgeschützten Ecke auf einer Mauer sitzend und sich die produktiven Kräfte des Meeres anschauen: In dieser Kulisse lässt sich auch das »schlechte Wetter« gut aushalten, birgt doch das Museum wahre Schätze zur Geschichte und Bedeutung des Salzes.

Die Anlage stammt aus dem Ende des 18. Jahrhunderts. Vorher wurde das Salz in natürlichen Becken an der Westküste gewonnen, die heute noch existieren und deren Salz von den Fischern auch heute noch zum Pökeln genutzt wird. Allerdings war der Verkauf und die Verschiffung des kostbaren Gutes verboten, es durfte lediglich an Einheimische verkauft werden. Die heutige Saline hier in Salinas del Carmen wurde im Jahre 1910 neu überbaut. Denn im Laufe der Jahrhunderte hatte das Meer kräftig an den Mauern genagt.

Und dass dieses Museum nicht wie viele andere seiner Art ein trockenes, langweiliges Dasein fristet, dafür sorgt seit einigen Jahren die Firma Proasur mit interessanten Führungen und Mitmachprogrammen für Kinder. Die Aktionen werden regelmäßig über die sozialen Medien bekannt gemacht. Ein festes Programm gibt es nicht, zumal jahreszeitlich bedingt eine Saline mehr oder weniger interessant ist.

Da das Museum auch eine aktiv produzierende Anlage ist, fällt reichlich Salz an, welches in dem kleinen Shop des Museums verkauft wird. Diese Salina (Anlage zur Gewinnung von Meersalz) ist also erwartungsgemäß produktiv. So viel Salz, wie produziert wird, kann kaum verbraucht werden. Eine Preissenkung wäre vielleicht ein gutes absatzförderndes Mittel.

Adresse Salinas del Carmen, 35619 Las Salinas | **Anfahrt** Abfahrt von der FV 2 südlich von Caleta de Fuste. Direkt nach 100 Metern, vor dem Eingang, kann geparkt werden. | **Tipp** Die alte Straße und heutige Sandpiste kann man gut von hier bis Caleta de Fuste, direkt an der Küste, zu Fuß erkunden.

88 Der Aussichtspunkt

Blick zu den Sternen – auch bei Tag ein Highlight

An einem einsamen Ort an der Westküste, 600 Meter über dem Meeresspiegel gelegen, weitab von jeglicher Zivilisation, errichtete man vor einigen Jahren eine Aussichtsplattform mit tollen Informationen zum Himmel über Fuerteventura. Denn im Jahre 2008 wurde die Insel von der UNESCO als sogenannte »Starlight Reserve« ausgewählt. Eine Auszeichnung, die nur Orten verliehen wird, die sich durch eine besonders geringe Lichtverschmutzung auszeichnen.

Überhaupt sind die Kanaren für ihren klaren Nachthimmel berühmt. Das bekannteste Observatorium steht auf La Palma. Gute Chancen hat Fuerteventura, die Ausschreibung zu dem Wettbewerb um die Installation des 250 Millionen Euro teuren »ETS Telescopio Solar« zu gewinnen. Im Jahre 2025 wird die Entscheidung fallen. Bis dahin sollte man vielleicht die ein oder andere nächtliche Beleuchtung auf der Insel überdenken. Bislang hat es an diesem Ort nur für eine Plattform mit Fernglas und reichlich Gelegenheit zum Positionieren von Kameras gereicht.

Aber das eigentliche Highlight ist ja der Ausblick bei Tag. Und zwar von ganz oben! Ein wenig Anstrengung lohnt sich. Man sollte nur einen guten, wolkenlosen Tag erwischen, dann reicht der Blick über einige Vulkangipfel bis hinunter auf den wüstenhaften Teil der Insel, die Halbinsel Jandía. Ein gigantischer Rundumblick auf eine besonders karge Landschaft! Hier scheint es kaum zu regnen.

Jahrhundertelange Beweidung mit frei laufenden Ziegen und geringe Niederschläge waren landschaftsprägend. Alles in allem ein Ort zum tiefen Luftholen und Genießen, vielleicht bei einem kleinen Picknick. Gut vorstellbar, dass bereits die Ureinwohner diesen Ort auserwählt hatten, um ihren Göttern ein wenig näher zu sein. Dies legen einige archäologische Entdeckungen nahe. Nach dem Vorbild der vorgefundenen Überreste, auch von anderen Berggipfeln, wurde das Steingebäude auf dem Gipfel errichtet.

Adresse Sicasumbre/Chilegua, 35628 Pájara | **Anfahrt** Der Ort liegt direkt an der FV 605 auf halber Strecke zwischen Pájara und La Pared, kurz vor/hinter der Abfahrt nach Cardón. Ein Parkplatz ist direkt an der Straße eingerichtet. | **Tipp** In La Pared im Lokal »Caretta Beach«, direkt an der Punta de Guadeloupe, einen Sundowner trinken. Von hier sind die Sonnenuntergänge über dem Meer besonders schön zu genießen.

89 Die neue Kirche

Zeitgenössischer Bau, äußerlich gewöhnungsbedürftig

Um gleich das Ende vorwegzunehmen: Die Bürger Tarajalejos haben 50 Jahre auf eine richtige Kirche warten müssen und sind nun froh, dass sie eine haben. So lange schon ist nämlich die alte kleine Kapelle direkt am Meer nicht mehr nutzbar. Das Dach war eingefallen, das Mauerwerk vom Salzwasser angegriffen, weil Wind und Wellen ausgesetzt. Die Ruine ist aber noch da. Sie steht auf halber Strecke zwischen den Restaurants »Adeyu« und »Barraca« und ist leicht an dem kleinen Kreuz über dem Eingang zu erkennen.

Die Einwohner mussten über all die Jahre für ihre Andacht oder andere religiöse Anlässe in die Nachbargemeinden oder in andere Gebäude ausweichen. Ein Neubau scheiterte immer wieder an den Kosten und nicht realisierbaren architektonischen Projekten. Nun fanden sich ortsansässige Unternehmer, großzügige Kollekten, Zuschüsse der Inselverwaltungen und der Kirche, sodass man endlich einen Neubau in Angriff nehmen konnte. Das Grundstück wurde von einem Einwohner gestiftet.

Sie ist zeitgenössisch und schlicht geworden. Um nicht zu sagen außerordentlich schlicht. Der Name ist geblieben, »Sagrada Corazón de María«, und ihr Altarbild konnte aus der Ruine rechtzeitig gerettet werden. Und noch mehr Traditionelles ist erkennbar. Man muss nur genauer hinschauen. Der Eingang ist eingerahmt von traditionellen Sandsteinplatten, es gibt einen typischen flachen Glockenturm, und die Ausrichtung des Haupteinganges und der Frontfassade ist wie üblich gen Westen gesetzt.

Einige Gemälde, die sich auf das Heilige Herz Marias beziehen, wurden restauriert und der hölzerne Altaraufsatz von einem Schreiner erneuert. Am 13. Mai 2018 weihte der Bischof die neue Kirche feierlich ein. Dennoch scheint sie immer noch nicht so richtig fertig. Allerdings füllt sich an Wochenenden abends der Vorplatz mit Jugendlichen, die schwatzend und tanzend etwas abseits vom Dorfkern unter sich sein können.

Adresse Carretera General de Tarajalejo, 35629 Tarajalejo | Anfahrt Auf der FV 2 am nördlichen Kreisverkehr in den Ort reinfahren. Die Kirche befindet sich circa 200 Meter auf der linken Seite. | Tipp Das Restaurant »Adeyu« unten am Wasser serviert eine wunderbare Pizza mit Meerblick.

90 Die Promenade

Eine einsame Meile mit unzähligen Bänken

Wer Ruhe und Beschaulichkeit sucht, wird hier fündig. Doch bevor die Promenade entstehen konnte, musste das Fischerdorf geteilt werden. Die Straße am Meer entlang, die den alten Ortskern mit dem 2008 neu erbauten Hotel ganz natürlich verband, wurde 2010 mir nichts, dir nichts einfach gekappt und die 500 Meter am Meer zu einer Promenade gemacht. Das gab reichlich Streit, zumal der alte Ort nun zu einer Sackgasse mit reichlich Verkehrsproblemen wurde.

Die zuständige Gemeinde gab damals viel Geld aus, um die inzwischen sehr beliebte, vor allem behindertengerechte Promenade etwas zu beleben und die Gemüter zu beruhigen.

Die zündende Idee: ein »MARESEUM«, was so viel heißen soll wie das Museum am Meer, musste her. Im Jahre 2017 lud die Gemeinde Tuineje fünf internationale Künstler zu einem Symposium ein. Über mehrere Wochen, teils direkt vor Ort, entstanden beeindruckende Skulpturen, die alle ein gemeinsames Thema haben: das Meer.

Und ja, wegen der Internationalität der Künstler schafften es die Namen Tarajalejo und Fuerteventura, die zunächst nicht mit moderner Kunst in Verbindung gebracht wurden, in die internationale Presse und die sozialen Medien. Hier nun die Namen der Künstler und ihrer Objekte, in der Reihenfolge vom Hoteleingang in Richtung Süden:

Juan Miguel Cubas aus Fuerteventura schuf den »Traumfischer«. Das »Seepferdchen« hat Antonia Fatkullina aus Russland gebaut. Das »Fenster zur Unendlichkeit« stammt von Ana Mamulashvili aus Georgien. Der »Perlendieb« ist ein Werk des berühmten spanischen Bildhauers Amancio González, und für die »Kanarischen Inseln« am Ende der Promenade ist Jhon Gogaberishvili aus Georgien verantwortlich.

Der einheimische Künstler Juan Miguel Cubas hat für seine Skulptur eine besonders schöne Erklärung: Das Kunstwerk ist all den Menschen gewidmet, dank derer auf die ein oder andere Weise die Träume anderer erfüllt werden.

Adresse Avenida Las Palmeras, 35629 Tarajalejo | Anfahrt Von der FV 2 den südlichen Kreisverkehr in Richtung Hotel Tarajalejo verlassen. Am Ende der Straße vor dem Hotel liegt die Promenade. | Tipp Baden ist in der geschützten Bucht gut möglich, sollte aber wegen der Steine beim Einstieg bei Flut stattfinden.

91 Die Herberge

Dunkle Vergangenheit, nur langsam aufgearbeitet

Während des Spanischen Bürgerkrieges waren an diesem Ort die Legionäre untergebracht, in der Nähe lag der Militärflughafen. Als dessen militärische Funktion aufgehoben wurde, machte das Franco-Regime hieraus eine Strafvollzuganstalt mit dem harmlosen Namen »Landwirtschaftliche Strafkolonie von Tefía«. In den folgenden Jahren waren hier verurteilte Straftäter diverser Kategorien untergebracht. Im Jahre 1954 änderte Franco das Gesetz über »Landstreicher und Missetäter« und machte damit die strafrechtliche Verfolgung und Inhaftierung Homosexueller möglich, indem diese als gefährlich eingestuft wurden. Nicht nur eine tatsächliche, sondern sogar eine vermutete sexuelle gleichgeschlechtliche Orientierung reichte aus, um Menschen für ein bis drei Jahre zu inhaftieren, da sie nach Meinung der Militärdiktatur eine Gefahr für die Gesellschaft darstellten. Damit konnten Regimekritiker und unbequeme Personen aus dem Verkehr gezogen werden.

Unter unmenschlichen Bedingungen mussten die Strafgefangenen harte Arbeit in Steinbrüchen und im Straßenbau verrichten. Folter, Hunger und sexuelle Repressionen durch die Aufseher waren an der Tagesordnung. Am 21. Juli 1966 wurde die Kolonie geschlossen und die verbliebenen Gefangenen in eine ähnliche Einrichtung auf Gran Canaria verbracht.

Unter Mithilfe eines ehemaligen Gefangenen, der erst kürzlich seine schmerzlichen Erinnerungen als Insasse preisgab, entstand eine Fernsehserie unter dem Namen »Las noches de Tefía«. Regisseur Miguel del Arco versuchte mit dieser Serie, das dunkle Kapitel spanischer Geschichte aufzuarbeiten, von dem bis heute kaum in den Medien berichtet wurde. Das wird sich nun ändern. Eine gewisse Unbekümmertheit darf man der Regierung schon unterstellen, als sie dieses Gebäude anschließend zu einer Jugendherberge machte. Zwischendurch diente es als Notunterkunft für Bootsflüchtlinge.

Adresse Albergue de Tefía, 35611 Tefía | Anfahrt Auf der FV 207 gibt es kurz vor/nach Tefía eine Abfahrt Richtung Los Molinos (FV 221). Nach etwa drei Kilometern rechts abfahren, auf die Windmühle zu. Das Tor zur Herberge ist tagsüber geöffnet. | Tipp Die Windmühle ist ein anderes Modell als diejenige vorn im Ort. Ein Vergleich ist interessant. Zu lesen auf den Infotafeln.

92 Die Kuppelkirche

Als man sich etwas Besonderes leisten wollte

Wie alle Dörfer auf der Insel, mussten auch die Einwohner von Tefía den Erzbischof um Erlaubnis bitten, um ein eigenes Gotteshaus bauen zu dürfen. Die Gemeinde des Dorfes Tefía erhielt im Jahre 1713 die gnädige Erlaubnis zum Bau. Man schaute sich von den großen Kirchen etwas ab und wollte mit Sicherheit etwas noch Schöneres schaffen, als es die Nachbargemeinden besaßen. Mit Nachbarschaftshilfe und Spenden aus den Verkäufen von Ländereien und privatem Hab und Gut hatten sich die Menschen zumindest so viel zusammengespart, dass es für einen einfachen rechteckigen Bau mit drei Dächern reichte. Und schon ein Jahr später wurde am 4. März die Fertigstellung gefeiert und die Kirche dem Heiligen Augustín geweiht.

Erst einige Jahre später wurde der seitliche Glockenturm angebaut, wieder einige Zeit später die Einfriedung mit Tor und einer Mauer. Soviel man weiß, hatte im 19. Jahrhundert das Presbyterium, welches außerhalb des Kirchenschiffes angebaut wurde, bereits eine originelle Bedachung. Eine achteckige falsche Kuppel mit einer aufwendigen Holzkonstruktion und einem Kuppelgewölbe aus Holz und Glas, durch die das Licht in die Kirche hineinfiel. Etwas so Einzigartiges gab es auf der ganzen Insel nicht. Leider musste diese Konstruktion durch eine schlichtere pyramidenartige ersetzt werden, weil das Holz einfach zu schlecht war. Grüngelbe Glasoberflächen schmücken die Großkapelle.

Die aktuelle Kirchentür ist aber immer noch das Original aus der ersten Bauphase. Die wunderschönen seitlichen Wandgemälde mit Pflanzenmotiven sind leider nur noch neben der südlichen Tür zu einem kleinen Teil erhalten. Bezüglich der Besichtigung von innen richtet man sich am besten nach den Öffnungszeiten zur Messe. Die sind immer außen an der Kirche auf einem Schild abzulesen. Ganz besonders imposant erscheint an diesem Ort der Hausberg La Fortaleza.

Adresse Iglesia San Agustín, Calle Tefía, 35611 Tefía | **Anfahrt** an der Hauptstraße gegenüber der Windmühle, an der Schule, reinfahren und die Straße bis ans Ende nehmen, dann zum Schluss kurz rechts abbiegen | **Tipp** Auf dieser Straße an der Kirche, knappe 500 Meter weiter südlich, erreicht man einen weiteren historischen Wallfahrtsort, einen Kalvarienberg. Dort stand ehemals auch eine kleine Kapelle. Reste sind erkennbar.

93 Der Muschelberg

Überreste von Tausenden

Vor ungefähr 50 Jahren betrieb Manolito in Tefía neben der alten Molina eine Kneipe. Auf der Speisekarte standen »mejillones«, Miesmuscheln, die er selbst an der Küste nahe Los Molinos erntete. Was heute verboten oder zumindest stark reglementiert ist, war damals für viele Familien eine willkommene Zusatzmahlzeit. Die »Marisceros«, die Muschel und Schneckensammler, hielten sich in den Sommermonaten teils ständig an den Küsten auf, da die Landwirtschaft im Sommer, wegen des extrem trockenen Klimas, nichts hergab. Das Vieh überließ man sich selbst und zog an die Küste.

Jede Familie hatte ihren Küstenabschnitt, der weitervererbt wurde. So weit, so gut und harmlos, nur der aufkommende Tourismus und die wachsende Mobilität der Menschen erzeugten eine gesteigerte Nachfrage nach Meeresfrüchten, an die nicht jeder rankam. Und das weckte die Geschäftstüchtigkeit und andere Begehrlichkeiten bei einigen Bewohnern. Und damit war der Grundstein für die drohende Ausrottung der Miesmuscheln und Napfschnecken gelegt.

Einer der besonders Geschäftstüchtigen war Manolito. Zeuge hierfür ist der riesige Berg mit Muschelschalen rechts neben seiner Kneipe. Er galt als griesgrämiger, grober Zeitgenosse, und seine räuberischen Aktivitäten an der Küste waren sicherlich vielen Menschen ein Dorn im Auge. Nur war seine Kneipe mit Muschelgerichten ziemlich berühmt.

Warum die Schalen nun direkt neben seinem Haus gesammelt wurden, hatte wahrscheinlich einen ganz profanen Grund: die Bequemlichkeit. Allerdings war die Fliegenplage und der Gestank für die unmittelbare Nachbarschaft bestimmt nicht gut auszuhalten.

Auch wenn das Haus, direkt gegenüber der Schule, rechts neben der Windmühle, nunmehr heruntergekommen und verlassen aussieht, ist es immer noch im Privatbesitz. Man sollte dennoch die Privatsphäre des dort wohnenden Nachkommen respektieren und das Grundstück nicht betreten.

Adresse Hauptstraße FV 207, 35611 Tefía | Anfahrt Auf der FV 207 im Ort steht am südlichen Ortsein-/-ausgang eine Windmühle. Der Muschelberg liegt vor dem Gebäude auf derselben Straßenseite. | Tipp Die Windmühle ist ein ganz besonderes und eher seltenes Exemplar, Infos befinden sich auf der Tafel.

94_Das Museumsdorf

Ein Leben ohne Strom und fließend Wasser

Das spanische Wort Alcogida bezeichnet eine Fläche, die dazu dient, das Regenwasser aufzufangen und in Behälter weiterzuleiten. Diese Flächen sind gepflastert oder anderweitig befestigt, um das vorzeitige Versickern des kostbaren Nasses zu verhindern. Die Bedeutsamkeit einer solchen »Vorrichtung« macht klar, was für ein Segen der Regen war. Und mit dieser Information kann sich ein vom ewigen Niederschlag genervter Nordeuropäer nun ein Bild vom Leben auf Fuerteventura machen, bevor der Tourismus kam.

Das »Ecomuseo La Alcogida« ist ein Freiluftmuseum und wurde erst in den letzten Jahren mit viel Aufwand hergestellt. Gute historische und architektonische Beratung haben daraus ein echtes Juwel geschaffen. Leider gibt es bisher keine offiziellen Führungen, aber die Einrichtungen sind selbsterklärend. Wer Glück hat, erlebt vormittags Weber, Töpfer oder Korbflechter bei der Arbeit. Nach langer Durststrecke durch Corona und Missmanagement darf der Besucher jetzt auf etwas mehr Lebendigkeit hoffen. Geplant sind für jeden Monat Vorführungen für Familien. Informationen dazu gibt es in den sozialen Medien unter dem Namen »Ecomuseo La Alcogida«.

Dass das Leben damals sehr schlicht und keineswegs romantisch war, wird beim Schlendern durch die vielen Stationen sehr deutlich. Die sieben Gebäude wurden originalgetreu rekonstruiert. Da gibt es besonders schlichte und einfache Häuser der armen Leute, und an den etwas aufwendiger verarbeiteten Wohnungen erkennt man die der Reichen. Auch verschiedene architektonische Baustile sind sehr gut herausgearbeitet und lassen sich von Fachleuten bestimmten Regionen und Epochen zuordnen. Multikulturelle Einflüsse, verarbeitet mit Baumaterialien aus der unmittelbaren Umgebung, haben einen ganz besonderen Stil erschaffen.

Jedes Gebäude trägt den Namen seines früheren Besitzers. Eine Familie lebte hier sogar noch bis in die 1970er Jahre hinein.

Adresse Hauptstraße FV 207, 35611 Tefía | **Anfahrt** Südlich des Ortes Tefía gelegen, »Ecomuseo La Alcogida«, gut ausgeschildert, beidseitig der Hauptstraße. Großer Parkplatz vor dem Hauptgebäude. | **Öffnungszeiten** Di–Sa 10–17 Uhr | **Tipp** Etwas weiter südlich des Museumsdorfes, direkt an der Hauptstraße gelegen, wurde ein neues Landhotel im rustikalen Stil gebaut. Ein gutes Beispiel für Luxus auf dem Lande und der krasse Gegensatz zum Leben im Museumsdorf.

95 Das Tal der Höhlen

Von menschlichen Behausungen und wilden Ziegen

Um dieses Tal zu erforschen, braucht man einen richtigen Geländewagen oder geht einfach zu Fuß. Man durchschreitet ein Tal, in das Lava von den umliegenden Vulkanen Richtung Meer geflossen ist. Bereits nach einigen hundert Metern sieht man linker Hand einen großen Klotz, der sich beim Näherkommen als große Höhle entpuppt. Hineinschauen lohnt sich, aber keinen Schreck bekommen, denn viele Tiere suchen sich diesen Ort anscheinend zum Sterben aus.

Was vor circa 2.000 Jahren den Bewohnern als Wohnung oder Vorratskammer diente, ist heute Ziel und Arbeitsstätte der Archäologen. Denn man findet immer mehr Kammern und Höhlen, die einmal von Menschen bewohnt waren, und man weiß über das Leben der Vorfahren bis heute herzlich wenig.

Wer sich dann noch traut, die Piste weiter Richtung Meer zu wandern, wird noch einmal überrascht. Überall knabbern sich wilde Ziegen, meist in Begleitung ihres Nachwuchses, durch die schroffen Felsen. Menschen scheinen ihnen nicht fremd, was natürlich nicht heißt, dass sie sich anfassen lassen würden. Denn Ziegen sind zickig. Und nach ungefähr eineinhalb Kilometern Spaziergang erreicht man das Zuhause dieser Käselieferanten. Einen runden Ziegenkral, eine großzügige Tränke und eine Steinbehausung für die Ziegenhirten bilden eine kleine Oase. Wer ganz frühmorgens unterwegs ist, kann ein kleines Spektakel erleben, wenn nämlich die recht betagten Hirten mit den Säcken voller Mais auf ihrem Pick-up anrollen. Dann kommen Hunderte bunter Ziegen im Galopp aus den Bergen gerannt, springen waghalsig durch die schroffen Lavafelsen, um ja schnell an der Futterstelle zu sein.

So wird man Zeuge einer uralten Tradition auf Fuerteventura: der offenen Ziegenhaltung in den Badlands, denen sonst niemand etwas abgewinnen kann. Man nennt diese Herden die »Cabra de Costa«. Und das hier ist wahrscheinlich ihr letztes Refugium.

Adresse Valle de la Cueva/Camino Saladillo, 35629 Tenicosguey | **Anfahrt** Die Abfahrt von der FV 2 nach Tenicosguey nehmen. Vor der Aloe-Farm links abbiegen und der kleinen Straße bis in das Tal folgen, dann rechts halten, auf einer Anhöhe erscheint eine große Infotafel. Hier kann man parken. | **Tipp** Die »Verdeaurora«-Bio-Farm ist einen Besuch wert. Täglich von 10–18 Uhr geöffnet, So geschlossen.

96 Die Kampfarena

Lucha Canaria, Sport der starken Männer

Dieses große Gebäude mit der runden Kuppel ist keine agrarindustrielle Anlage. Hier wird gekämpft! »Lucha Canaria« heißt die Kampfsportart, die in dieser Form auf den Kanaren erfunden wurde und genau in dieser Halle ausgetragen wird. Eine wahrlich traditionelle Sportart, die dem Schweizer Schwingen ähnlicher ist als dem in Deutschland bekannten Ringen und an der inzwischen auch Frauen teilnehmen. Sie geht wohl laut Aussage der Fachleute zurück auf die Ureinwohner der Inseln. Natürlich verändert durch die vielen Einflüsse der Einwanderer. Man vertrieb sich die Zeit und blieb dabei fit. Bereits die richtig alten Chroniken aus dem 14. Jahrhundert berichten von Männern, die sich gegenüberstanden und sich gegenseitig zu Boden rissen.

Laut des ersten Berichts über einen offiziellen Wettkampf, der im Jahre 1834 auf Teneriffa ausgetragen wurde, sollen sich einige hundert Kämpfer aus dem Norden und dem Süden gegenübergestanden haben. Die ersten Ringerverbände wurden im Jahre 1947 gegründet und das eigene Regelwerk erst 1986 eingeführt. Nur so konnte man zukünftig Vergleichswettkämpfe austragen.

Und die sind wirklich beeindruckend, denn so ein Top-Lucha-Kämpfer bringt gern mal 160 Kilogramm auf die Waage. Die Regeln sind einfach: Gerungen wird auf Sand, innerhalb einer zweiminütigen Kampfzeit muss der Gegner durch den vollen Körpereinsatz aus dem Gleichgewicht gebracht werden und mit einem Körperteil außer den Füßen den Boden berühren. Der wiederum hält sich natürlich am Gegenüber fest. Spektakulär, mit welcher Eleganz und Wendigkeit diese Sportler sich bewegen!

Jeder größere Ort mit einem eigenen Verein hat eine eigene Lucha-Halle, die hier Terrero heißt und übrigens grundsätzlich rund ist. Üben kann man natürlich auch herrlich an Fuerteventuras Sandstränden. Nicht jeder, der sich dort im Licht der Sonne scheinbar prügelt, tut das auch.

Adresse Calle Tetir, Campo de Lucha, 35613 Tetir | Anfahrt Von Puerto del Rosario auf die FV 10 Richtung La Oliva/Tetir abfahren. Von der Hauptstraße die erste links, dann rechts abbiegen und auf die große, runde Halle zu. | Tipp Eine der größten und ältesten Kirchen der Insel, die »Iglesia de Santo Domingo« aus dem Jahre 1652, ist von innen eine echte Augenweide.

97 Die Dromedarzucht

Muttertier mit Nachwuchs scherzt nie

Tierisch gemütlich sieht das aus, wenn man einem echten »camello majorero«, also der echten Fuerteventura-Rasse, so zuschaut. Alles, aber auch alles, was sie tun, sieht gemächlich aus. Obwohl wir vielleicht noch kein »camello« so richtig wütend gesehen haben, heißt es nicht, dass sie sich nicht aufregen können: Im Jahre 1657 gab es in Betancuria eine Beschwerde aus der Bevölkerung wegen aggressiver Kamele, die durch die Straßen tobten. Vielleicht immer noch verärgert über die unsägliche Verschleppung aus ihrem Heimatland.

Das flaumige Maul verlockt zum Streicheln, was vom Kamel aber missverstanden werden könnte. Auch bei Muttertieren mit Nachwuchs sollte man Abstand halten. Kamelreiten ist nur für den Reiter ein Spaß, denn oft werden den Tieren die Füße zusammengebunden, und sie können sich während der Wartezeit oft stundenlang nicht bewegen.

Ja, es ist ein Dromedar, weil es ja nur einen Höcker hat. Nur seit seiner Ankunft auf den Kanaren im Jahre 1405 wird es einfach »camello« genannt, und das ist bis heute so geblieben.

Seine Übersiedlung aus dem Norden Afrikas war höchst ungemütlich. Da sich das Mitnehmen auf den Segelschiffen schwierig gestaltete, band man sie einfach hinten ans Boot und schleppte sie im Ozean hinter sich her. Eine der vielen Geschichten aus einer grausamen Zeit. So erreichten Zigtausende billige Arbeitskräfte zusammen mit den erbeuteten Sklaven die Kanaren.

Da die Kamele immer die harte Arbeit als Pflug- und Lastentier verrichten mussten, veränderte sich im Laufe der Generationen ihr Körperbau: Er wurde muskulöser, korpulenter und stärker. So spricht man heute von einem Fuerteventura-Kamel, dem »camello majorero«. Aktuell widmen sich wieder viele Menschen der Kamelzucht, sind sie doch begehrte Darsteller in Filmaufnahmen. Hier in Tiscamanita stromern vor allem Mütter mit Nachwuchs frei zwischen den Vulkanen herum.

Adresse Camino Velazquez Cabrera, 35638 Tiscamanita | Anfahrt Aus dem Norden kommend die erste Straße links, Calle Velazquez Cabrera. Gute 1,5 Kilometer fahren, dann sehen Sie ein einfaches Gehege aus Natursteinmauern. | Tipp In der Nähe gibt es eine Finca mit Wohnmöglichkeit (»Alojamiento rural«), die sich lohnt zu besuchen. Interessant die Eselherde.

98 Das Mühlenmuseum

Kleine Wirtschaftswunder, mit Windkraft betrieben

Alte Windmühlen sind nun einmal die Stars unter den historischen Industrieanlagen. Und kaum ein altes Gebäude auf Fuerteventura ist so attraktiv wie die restaurierte Windmühle in Tiscamanita. Sie ist seit einigen Jahren eines der am besten geführten Informationszentren. Nicht nur optisch ein Highlight, hier erfährt man, gut ausgearbeitet, alles über die Bedeutung der Windmühlen. Wer also über die Insel fährt und an den vielen restaurierten oder halb verfallenen Mühlen vorbeikommt, ist gut beraten, sich hier zuerst zu informieren. Dann kann man nämlich später die weibliche von der männlichen Windmühle sicher unterscheiden.

Für den Hausgebrauch war es früher üblich, sich die Getreidekörner in einer Vertiefung mit einem Basaltstein mit der Hand zu Pulver zu reiben. Etwas ökonomischer waren dann später die Tahonas, die im 15. Jahrhundert eingeführt wurden. Bei dieser Antriebstechnik trieb ein Esel oder ein Dromedar im Kreis ein horizontales Rad an und setzte dabei schwere Mahlsteine aus Basalt in Bewegung. Erst im 17. Jahrhundert kamen die ersten windbetriebenen Mühlen nach spanischem Vorbild aus der Gegend La Mancha nach Fuerteventura und ermöglichten eine Mehlproduktion im großen Stil. Auch diese Form wurde immer wieder verbessert, wie man in diesem Bildungszentrum der Windmühlen erklärt bekommt.

Wer die einfache und zweckmäßige kanarische Architektur schätzt, wird den herrlichen Patio – den Innenhof dieses Mühlenzentrums – besonders lieben. Ein weiteres Plus dieses Museums: Hier kann man Gofio kaufen, dieses berühmte Weizen- oder Maismehl, welches geröstet wird, um es haltbarer zu machen. Auch ist es bekömmlicher, weil das Getreide bereits vorgegart ist. So wird einem der Name Gofio auf der Insel noch öfter begegnen, denn die Einheimischen lieben seinen Geschmack, am liebsten in der süßen Variante im Pudding oder im Speiseeis. Nur wenige der alten Mühlen Fuerteventuras sind so liebevoll restauriert worden wie die von Tiscamanita.

Adresse Calle la Cruz, Centro de Interpretación, 35638 Tiscamanita | Anfahrt Wenn man von Norden aus in den Ort hineinfährt, taucht sofort rechts oben am Berg die Mühle auf. Man parkt unten auf dem großen Platz und steigt die Treppe hoch. | Öffnungszeiten Di–Sa 10–18 Uhr | Tipp An der Hauptstraße gibt es das Restaurant »Casa Luis«. Typischer geht's nicht! Harte Stühle, einfaches Essen und gute Preise.

99 Der Vulkan

Ein Blick in seine schwarze Seele

Diesem Vulkan haben die Einheimischen den schönen Namen »La Laguna« gegeben, und man kann sich ihm auf einer breiten Schotterpiste mit dem Auto bis auf wenige hundert Meter nähern. Die restliche kurze Strecke geht man zu Fuß. Der Eingang ist an der Einfahrt zur Baustelle, die für Fahrzeuge gesperrt ist.

Von vorn sieht der Vulkan noch recht normal aus, groß und rund eben. Erreicht man auf dem Weg die Rückseite, bietet sich ein überwältigender Anblick. Eine circa 50 Meter hohe Wand, bestehend aus lauter kleinen schwarzen Steinchen, baut sich vor dem Betrachter auf. Davor Reste von Maschinen und Vorrichtungen aus dem Bergbau. Wer an eine Kohleabraumhalde denkt, liegt damit gar nicht so falsch. Denn hier hat der Vulkan in seinen letzten Zügen pyroklastisches Material herausgeschleudert und es zu diesem Berg aufgetürmt. Das passierte vor circa 26.000 bis 10.000 Jahren. La Laguna war zusammen mit dem Los Arrabales, der Liria und der kleinen La Calderilla einer der letzten Vulkane, die im Süden der Insel ausbrachen. Eine genauere Datierung wurde bisher nicht vorgenommen.

Warum dieser Vulkan derart angeknabbert wurde, liegt auf der Hand. Die kleinen porösen Steinchen benötigte man dringend für die Abdeckung der Plantagen auf der Insel. Der fluffige Stein ist in der Lage, die Feuchtigkeit der Nacht zu speichern und nach unten an die Pflanzen abzugeben. Tagsüber schützt er vor Verdunstung. Zuletzt stellte man auch Blocksteine aus Porenbeton damit her. Längst ist der Abbau am La Laguna eingestellt. Naturdenkmäler sollen nicht weiter geschädigt werden. Es fällt bei fast jedem Vulkan der Insel auf, dass kleine Löcher hineingebohrt wurden, sicherlich auch von Privatleuten, die damit ihre Gartenanlagen abdecken wollten. Auch das ist inzwischen verboten. Ein respektvoller Abstand zu den furchteinflößenden, steilen Wänden versteht sich eigentlich von selbst.

Adresse Camino Velazquez Cabrera, 35638 Tiscamanita | **Anfahrt** Im Ort, an der Panadería Tiscamanita, in östliche Richtung abbiegen und auf die Vulkane zufahren. Mit Beginn der Sandpiste an der Gabelung links halten und so weit fahren, bis rechts ein rumpliger Weg auf den rechts liegenden Vulkanberg führt. Hier parken und den Weg zum Vulkan zu Fuß gehen. | **Tipp** Die Bäckerei »Panadería Tiscamanita« ist berühmt für ihr Holzofenbrot mit Anis.

100_ Das Haus der glücklichen Schweine

Wo sich das schwarze Ibero-Schwein suhlt

Weicht man in Toto vor dem Beginn des Wanderweges, welcher nach Vega de Rio Palmas führt, nach rechts ab und geht ein Stück das trockene Flussbett hinauf, dann steigt einem unweigerlich ein strenger Geruch in die Nase. Familie Schwein kündigt sich an! Und da sind sie auch schon: rechter Hand, in einem großen Außengehege locker eingezäunt. Mehrere Generationen des »Cerdo Ibérico«, des Ibero-Schweins, wie diese Rasse offiziell heißt, toben oder faulenzen dort herum. Die Jüngsten haben natürlich schon die Lücken im Zaun gefunden und wuseln in der Nachbarschaft herum.

Das Zentrum der Anlage bilden ein oder mehrere Schlammlöcher, in denen sich gesuhlt werden darf. Es gehört nun einmal mit zur Körperpflege. Man hört zufriedenes Grunzen der Muttersauen, genüssliches Schmatzen der Jüngsten und ärgerliches Knurren einiger unzufriedener Kontrahenten. Aber alles in allem ein friedliches Bild. Wer die deutsche Massentierhaltung kennt, müsste bei diesem Anblick jubeln. Warum die Tiere so weit entfernt vom Dorf gehalten werden, wird schnell klar: Der strenge, süßsaure Geruch ist schon gewöhnungsbedürftig. Er kommt aber nicht etwa von den Exkrementen der Tiere, sondern wird von dem bevorzugten Nahrungsmittel der Schweinegesellschaft erzeugt, nämlich der Ziegenmolke, die in der Sonne gärt. So findet bei der Käseherstellung auch dieser Rest eine Verwendung.

Die Schweinerasse kommt ursprünglich aus dem Süden Portugals und Spaniens, wo die Tiere bekanntermaßen in den Wäldern der Korkeichen grasen, sich hauptsächlich von den Eicheln ernähren und damit einen wichtigen Beitrag zur Kultivierung dieser Regionen leisten. Und von hier kommt der »Jamón Ibérico«, ein besonders delikater Schinken, der im ganzen Stück schon einmal 700 Euro kosten kann. Auch auf Fuerteventura gehört ein »Jamón de Pata Negra« auf einen stilvollen Weihnachtstisch.

Adresse Barranco de Teguerey, 35628 Toto | Anfahrt Von Tuineje aus Richtung Pajara. Bei Toto die Hauptstraße nach rechts verlassen, den Barranco durchqueren und rechts hoch Richtung »Centro Cultural«, diese Straße bis zum Ende fahren und vor dem Einstieg in den Wanderweg parken. Zu Fuß nach rechts im Barranco circa 200 Meter gehen. Dann immer dem Geruch nach. | Tipp In Toto ist die Kirche San Antonio (geöffnet Fr 17.30–19 Uhr) und liegt auf dem Weg. Der Legende nach fand in der Kirche früher eine Art Heiratsmarkt statt.

101 Das süße Wolfsmilchgewächs

Daraus wurde Kaugummi, Klebstoff und Hustensaft

Nach einem zugänglichen Ort mit derart gut gewachsenen *Euphorbia balsamifera*, so der wissenschaftliche Name dieser auf Fuerteventura beheimateten Pflanze, muss man lange suchen. Aus der Umgebung von menschlichen Behausungen sind sie völlig verschwunden, weil man ihre festen Stämme als Brennholz nutzte.

Die Einheimischen nennen sie »tabaiba dulce«. »Dulce« bedeutet süß und sagt aus, dass der Saft dieses Wolfsmilchgewächses ausnahmsweise nicht giftig ist. Und damit ist es das einzige.

Obwohl dieses Gewächs wohl einst die gesamte Insel bedeckte, hat es hier in dem geschützten Tal des Valle de Teguerey oberhalb von Toto ein wunderbares Refugium gefunden. Es bevorzugt die sonnigen Süd- und Westhänge. Es gibt nur wenig andere Orte auf der Insel, an denen es noch in Ruhe gedeihen kann, denn allzu gern knabbern die frei laufenden Ziegen daran. Bis zu einem gewissen Grad können sich die Pflanzen erholen und die Wunden schließen, aber wenn es zu viel wird, verkümmern sie. Die Auflagen für Ziegenhalter der letzten Jahre zeigen Wirkung; so ist es nicht mehr erlaubt, seine Tiere frei herumlaufen zu lassen.

In längst vergangenen Zeiten, als die Menschen auf dem Lande sich selbst helfen mussten, weil weder Arzt noch Apotheke in der Nähe waren, fand der Saft der »tabaiba dulce« vielseitige Verwendung als Heilmittel für Hauterkrankungen, gegen Atemwegsinfekte und zur Herstellung von Gummi für vielerlei Gelegenheiten.

Wer einmal im Hochsommer an einer Pflanze vorbeikommt, sollte sich nicht erschrecken, denn die reifen Samenkapseln der »tabaiba dulce« zerplatzen mit einem lauten Knall und verteilen ihre Samen im weiten Umkreis. Besonders schöne und große Exemplare, die bereits zu kleinen Bäumen herangewachsen sind, sieht man gleich wenige hundert Meter nach dem Einstieg in den Weg.

Adresse Barranco de Teguerey, 35628 Toto | **Anfahrt** Von Tuineje aus Richtung Pajara. Bei Toto die Hauptstraße nach rechts verlassen, den Barranco durchqueren und rechts hoch Richtung »Centro Cultural«, diese Straße bis zum Ende fahren, vor dem Einstieg in den Wanderweg parken und diesen circa 100 Meter hineingehen. | **Tipp** Hier beginnt einer der schönsten Wanderwege durch das alte Fuerteventura. Es ist ein alter Pilgerweg, der jährlich im September zu Ehren der »Virgen de la Peña« von Tausenden Menschen Richtung Vega de Rio Palmas gewandert wird.

102 Die »Casa de las Simonas«

Das Haus der zwei charakterstarken Frauen

Das hatten sich die beiden Schwestern Antonia und Dolores Mateos auch nicht träumen lassen, dass ihr Haus, welches sie Ende des 19. Jahrhunderts bewohnten, einmal ein Museum werden sollte. Man lebte damals in einem gewissen Luxus, hatte Putz an den Wänden, einen Balkon und eine Terrasse. Und das in einer Zeit, in der es nicht darum geht, welche Farbe die Vorhänge haben könnten, sondern ob man satt würde. Ihr Spitzname »Simonas« wird auf ihre Sympathie für den Jünger Simon Petrus zurückgeführt. Beschrieben werden sie als zwei charakterstarke Frauen, die neben der resoluten Verwaltung ihres Anwesens auch gern allerlei Kuriositäten und Ereignisse ihrer Zeit in ihren Tagebüchern festhielten.

Tuineje hat viele Ruinen zu bieten. Dieses besondere Wohnhaus, erbaut zwischen dem 18. und 19. Jahrhundert, wurde nun restauriert und in ein kommunales Handwerkszentrum und ein Museum umgewandelt. Das ist schon bemerkenswert, denn bisher kümmerte sich die Gemeinde Tuineje nicht besonders engagiert um ihre Ruinen und wäre ohne das unermüdliche Engagement des Heimatvereins »No mas ruinas caín« (sinngemäß: Es sollen nicht noch mehr Ruinen verfallen) undenkbar gewesen. Alte Uniformen, Waffen und eine figürliche Darstellung erinnern an die legendäre Schlacht von Tamasite und Cuchillete. Viele weitere Fundstücke aus dieser Zeit geben einen kleinen Einblick in das Leben der vergangenen Jahrhunderte.

Das Museum bringt den Besuchern die Geschichte Fuerteventuras auf innovative und wissenschaftlich fundierte Weise näher. Seit vielen Jahren ist das Fest zu Ehren der siegreichen Schlacht der einfachen Bauern und Fischer über die britischen Piraten ein fester Bestandteil im Kulturkalender. Die Festlichkeiten finden immer im Oktober statt. Dank dieses Hauses können sich nun Inselbesucher jederzeit über diese glorreichen Ereignisse vergangener Zeiten informieren.

Adresse Calle Teniente Coronel Sánchez Umpiérrez, 35629 Tuineje | **Anfahrt** In Tuineje von der FV 20 bei »Supermercado Paulita Gama« reinfahren und die 3. Möglichkeit links. Gebäude ist beschildert. | **Öffnungszeiten** Di – Sa 10 – 16 Uhr | **Tipp** Die Kirche »San Miguel Arcánchel« beherbergt eine wunderschöne Wandmalerei, die die Schlacht von Tamasite darstellt. Nur sonntags zur Messe geöffnet.

103 Der Taro

Sehr effektive Speisekammer für reifen Ziegenkäse

Wohl eines der interessantesten landwirtschaftlichen Gebäude der vergangenen 300 Jahre ist dieser Turm. Leider steht der Taro kurz vor dem Zusammenbruch, was aber aufzuhalten ist, denn schon hat der ortsansässige Heimatverein Alarm geschlagen und die Presse mitsamt Politikern auf den Plan gerufen.

Diese Ruine ist tatsächlich für die gesamten Kanaren eine Rarität. Was zunächst wie ein weiterer Kalkofen aussieht, lässt beim näheren Betrachten staunen. Die Nutzung eines Taro, wie man sie insbesondere aus Lanzarote und Fuerteventura kennt, war sehr vielseitig. Man bewahrte Getreide und Gemüse auf, ließ den Käse darin reifen, und er bot den Hirten nicht nur Unterschlupf bei Wind und Wetter, sondern diente diesen auch als Aussichtsturm. Sogar ein Wasserbrunnen befindet sich in dem kreisrunden Gebäude und ein Wasserrad, von dem heute nur noch die Welle erhalten ist.

Die besondere Bauweise eines Taro erlaubte eine ganzjährige trockene und gut belüftete Aufbewahrung der kostbaren Nahrungsmittel. Trockenbauweise mit überwiegender Nutzung der umliegenden Kalkplatten und entsprechenden Oberlichtern in Form von eckigen Aussparungen an der Spitze des Turmes sowie die kreisrunde Bauweise mit kegelförmiger Zuspitzung am Dach und die beträchtliche Höhe schufen eine hervorragend gleichmäßige Belüftung.

Der Taro von Teguerey ist einzigartig in seiner Größe, er hatte zu seinen aktiven Zeiten ein besonders großes Fassungsvermögen. Dieser Turm soll angeblich Anfang des 18. Jahrhunderts erbaut worden sein. Nachforschungen auf Lanzarote haben ergeben, dass einige der dortigen Taros sogar aus vorspanischer Zeit stammen.

Laut Aussagen der Dorfältesten wurde dieser Taro aber schon ewig nicht mehr für die Reifung von Ziegenkäse genutzt. Vielmehr bewahrten die Anrainer dort Getreide- und Gemüsevorräte auf. Der Brunnen ist ebenfalls schon lange trocken.

Adresse Camino Teguerey, 35629 Tuineje | **Anfahrt** Aus Norden kommend im Ort die 1. links (Calle Quinta Baja), immer geradeaus, nach circa einem Kilometer taucht rechts der Turm auf. | **Tipp** Im alten Ortskern von Tuineje scheint die Zeit stehen geblieben. Unzählige Ruinen zeigen die sehr einfache und riskante Bauweise vor mehr als 100 Jahren. Ein kleiner Fußmarsch zeigt Beeindruckendes.

104 Die Piratenkirche

Ein Überfall aus Afrika als Racheakt

Das Jahr 1593 war ein bitteres Jahr für die Bevölkerung Fuerteventuras. Nicht nur, dass wegen fehlender Niederschläge das Getreide auf den Feldern vertrocknete und Ungeziefer über die Vorräte herfiel. Genau in diesem Jahr führte der Algerier Xabán Arráez obendrein einen Rachefeldzug gegen die europäischen Besatzer der Insel. Über Jahrzehnte hatten diese nämlich vor allem den Norden Afrikas heimgesucht, um Sklaven zu erbeuten, auf die Insel zu verschleppen und auch weiterzuverkaufen. Fuerteventura war bekannt als Sklavenumschlagplatz.

Xabán verfolgte die spanischen Galeeren und fand den Weg nach Fuerteventura. Die herrschende Militärregierung traf das völlig unvorbereitet, die Bevölkerung arbeitete auf den Feldern und flüchtete sich in die Berge. Eilig herbeieilende Truppen konnten nicht viel ausrichten und mussten hinnehmen, dass Betancuria völlig niedergebrannt wurde.

Auch im Valle de Santa Inés kamen die Eindringlinge vorbei und nahmen mit, was ihnen in die Hände fiel. Sie plünderten vor allem die Kirche, der einzige Ort, an dem wertvolle Gegenstände zu finden waren. Sie stahlen ein Messgewand, ein vergoldetes Holzkreuz, einige weiße Kerzenständer und ein Bild der Jungfrau. Längst sind die Reliquien dank zahlreicher Spenden wieder vollzählig. Nur diese schrecklichen Ereignisse aus dem Jahre 1593 sind dank mündlicher Überlieferung nahezu lebendig.

Das Fest von Santa Inés wird jedes Jahr um den 21. Januar gefeiert, und man nimmt an, dass dieses Fest das erste dieser Art auf der Insel war. Es gibt Hinweise dafür, dass man schon vor 1570 das Fest zu Ehren der heiligen Inés feierte. Schriftlich dokumentiert und an der Kirchenmauer festgehalten ist, dass man das Fest und die Anwesenheit der vielen Gläubigen nutzte, um die Wahl der Ratsherren in der Kapelle nach der Messe abzuhalten.

Heute ist der Kirchplatz wunderbar neu gestaltet, ein laues Lüftchen weht immer.

Adresse Plaza Valle Santa Inés 1, 35637 Valle de Santa Inés | **Anfahrt** von der Hauptstraße an den großen Buchstaben abbiegen, dann 1. links, dann die 2. wieder links und ein Stück den Berg hinauf | **Tipp** Die Bar »Unamano« an der Hauptstraße bietet typische kanarische Küche und freitags Livemusik.

105 Die Aussichtsplattform

Mit dem Blick auf den Heiligen Berg

Den besten Blick auf den Heiligen Berg der Ureinwohner hat man von hier aus. Und noch schöner: Zu jeder Tages- oder Jahreszeit ist er völlig unterschiedlich. Das besondere Gestein – der geologische Name ist Trachyt – reflektiert das Licht anscheinend sehr differenziert. Es lohnt sich also, mehrmals diesen Ort aufzusuchen. Außerdem bietet diese Aussichtsplattform einen exklusiven Rundumblick auf gleich drei unter Schutz stehende Naturdenkmäler. Zum einen der bereits erwähnte Berg »Monumento Natural de Tindaya«, den man seit einigen Jahren nicht mehr besteigen darf, um die archäologischen Sehenswürdigkeiten besser zu schützen. Dafür kann man Nachbildungen von diesen in der Casa Alta, einem kleinen Museum unten im Dorf Tindaya, besichtigen.

Ein weiteres Naturschutzgebiet ist das »Paisaje Protegido de Vallebrón«, welches sich in östlicher Richtung zu Füßen der Aussichtsplattform ausbreitet. Ein breites Tal, in Jahrmillionen von der Natur erschaffen und seit fast 2.000 Jahren von Menschenhand zu einer einzigartigen fruchtbaren Landschaft kultiviert. Mit dem installierten Teleskop kann man wunderbar die kleinen Steinmauern an den Berghängen erkennen, mit denen die Bewohner versuchten, die fruchtbare Erde und die Feuchtigkeit zu halten.

Auch wenn der Ort Vallebrón nahezu verlassen wirkt, zieht es doch immer mehr Städter in diese Gegend. Man baut sich ein Haus aus Ruinen und versucht sich auf den kleinen Feldern mit der Selbstversorgung. Solaranlagen und moderne Satellitentechnik machen inzwischen auch ein modernes Leben in der Abgeschiedenheit möglich. Eine Informationstafel der Inselregierung gibt einen guten Überblick über die Vulkanlandschaft im Inselnorden. Tatsächlich kommt nur derjenige in den Genuss eines phantastischen Weitblicks, der vom Parkplatz aus die vielen Stufen hinauf zur Aussichtsplattform auf sich nimmt. Besonders in den Abendstunden wird der Aufstieg mit einem Blick auf den zartrosa schimmernden Tindaya belohnt.

Adresse Mirador de Vallebrón, FV 103, 35649 Vallebrón | Anfahrt Von der FV 10 Abfahrt Richtung Vallebrón. Oben auf dem Sattel rechts Hinweis Parkplatz. Zur Plattform die Stufen hinauf. | Tipp Natürlich darf ein Besuch im Ort Tindaya nicht fehlen. Der chilligste Ort ist immer noch das Restaurant »Los Podomorfos«, geöffnet nur Mo und Fr 13–22 Uhr.

106 Die Quelle

Wasser aus dem Berg

»La Fuente de Tababaire«, so der spanische Name, war bereits bei den Ureinwohnern eine begehrte Süßwasserquelle. Das belegen die zahlreichen Felsritzungen in den benachbarten Felsen. Diese »Markierungen« fanden Archäologen immer dort, wo sich die Menschen damals länger aufhielten, wie zum Beispiel, um das Vieh zu tränken oder um Wasser zu holen.

Diese natürliche Quelle, die nahezu ganzjährig Wasser führt, war in der Zeit, in der sie gut gepflegt war, ein wichtiger Zulauf für die großen landwirtschaftlichen Flächen in der Nähe des Casa de Coroneles, der Rosa del Coronel. Für die ersten festen Siedlungen auf der Insel war ein Zugang zu einer Süßwasserquelle lebenswichtig. Die Inselregierung legte bereits im Jahre 1605 genau fest, welche der 24 Quellen auf der Insel unbedingt zu erhalten waren. Wer wann und wie viel Wasser daraus entnehmen durfte, legte man in einem Dekret von 1644 fest. So war dann diese Quelle, wie viele andere, für Tiere und sonstige Verwendungen außer Trinkwasser verboten, um eine Verunreinigung und Zerstörung zu vermeiden. Ein Verstoß wurde unter Strafe gestellt.

Für Tiere und sonstige Bedürfnisse standen wiederum andere Wasserstellen zur Verfügung. Heute noch berichten die älteren Einwohner aus Tindaya, wie sie mit Esel und Behältern beladen zur Quelle von Tababaire wandern mussten, um Trinkwasser zu holen. Spätestens mit der Inbetriebnahme der ersten Meerwasserentsalzungsanlage gerieten fast alle Brunnen, besonders diese, in Vergessenheit und wurden von wilden Tieren zusammengetreten. Erst im Jahre 2010 ließ die Inselregierung zum Andenken an die alten Zeiten diese Quelle neu herrichten und gleichzeitig eine Aussichtsplattform installieren. Von hier aus hat man einen wunderbaren Ausblick auf den Norden der Insel Richtung La Oliva und bis El Cotillo. Bei gutem Wetter scheint sogar Lanzarote besonders nahe zu sein.

Adresse Fuente de Tababaire, 35649 Vallebrón | **Anfahrt** von der Hauptstraße die 2. Abfahrt zum Centro Cultural fahren, dann gleich wieder links, knappe zwei Kilometer fahren, zum Schluss rechts halten bis zur Quelle | **Tipp** Auf halber Strecken vom Ortskern zur Quelle kann man links einen Weg hinunter ins Tal wandern und dabei einen wunderbaren Blick auf den Tindaya genießen.

107 Das Relief

Der legendäre Sieg über die Rattenplage

Das Relief über dem Kirchenportal der Kirche »Virgen de la Gracia« in Vallebrón ist eine Steinmetzarbeit aus dem 17. Jahrhundert. Wenn man genau hinsieht, sind zuoberst zwei kämpfende Tiere erkennbar, es handelt sich um Ratten. Die Geschichte zur Entstehung dieses Kunstwerkes ist ebenso abenteuerlich wie wahrhaftig.

Das Dorf Vallebrón wurde am Anfang des 17. Jahrhunderts von einer Rattenplage heimgesucht. Die Nager fraßen sämtliche Vorräte auf, vernichteten die Aussaaten auf den Feldern und waren anscheinend gegen jegliche, von den Menschen ergriffene Schutzmaßnahmen resistent. Sie nagten sich durch Türen und Wände und eroberten die menschlichen Behausungen. Besonders fatal war, dass die Aussaat für das kommende Jahr auch vernichtet wurde. Selbst Menschen und Tiere konnten sich ihrer Haut kaum erwehren. Wer konnte, floh vor dem nahenden Untergang des Ortes. Die Ratten allerdings fühlten sich pudelwohl und vermehrten sich ungehindert.

Voller Verzweiflung wandte sich die Bevölkerung an die Regierenden der Insel, um an oberster Stelle um Hilfe zu beten. Dort erinnerte sich jemand, dass in Lanzarote bei einer ähnlichen Plage eine Art Exorzismus geholfen hatte. Gedacht, getan.

Wie auch immer diese »Teufelsaustreibung« vor sich gegangen war: Die Plagegeister verschwanden tatsächlich! Warum auch immer. Dieses Wunder von Vallebrón ist dokumentiert und schriftlich festgehalten in einem Dankesschreiben des Inselrates von Fuerteventura am 25. Mai 1629 an die Oberste Herrschaft auf Lanzarote.

Aus lauter Dankbarkeit und mit dem festen Glauben an Gottes Hilfe in dieser Misere errichteten die Bewohner von Vallebrón eine neue kleine Kirche und verewigten die Geschichte in einem Relief. Noch weit bis ins 20. Jahrhundert war es an dieser Stelle Brauch, dafür zu beten, dass der Ort niemals mehr von einer solchen Plage heimgesucht werden möge.

Adresse Ermita Virgen de la Gracia, 35649 Vallebrón | **Anfahrt** Von der Hauptstraße Richtung Centro Cultural abbiegen, aber geradeaus fahren, einen Hügel hinauf. Kirche am Ende des Weges. | **Tipp** Direkt nebenan gibt es einen alten Friedhof, gut erkennbar an dem Kreuz über dem Portal. Heute ist dort ein wunderschöner Garten von den Bewohnern angelegt worden.

108 Der Aussichtspunkt

Der beste Blick auf die berühmte Perlenkette

Kaum jemand weiß, dass eine Fotografie der Passstraße FV 30 im New Yorker »Museum of Modern Art« als Fotografie hängt. Warum? Es ist nicht irgendeine Straße. Sie verbindet entlang einer tiefen Schlucht Pájara mit Vega de Río Palmas und fordert so manchem Urlauber fahrtechnisches Können ab und lässt Beifahrer schwindeln. Und das Wunderbarste ist: Tausende dicker, weiß gepinselter Steinquader zieren die gesamten zehn Kilometer Kurvenstrecke mit dem amtlichen Namen FV 20.

Zu verdanken hat Fuerteventura diese Ehrung dem kürzlich verstorbenen Architekten und Panoramafotografen Klaus Kinold. Seit 1981 verließ der Wahl-Schweizer seine Heimat während der dunklen und kalten Jahreszeiten und genoss die Sonne in El Cotillo. Die Weite und Leere der Insel waren sein Ideal. Er stand früh auf und entlockte der Insel eine ganz bizarre Schönheit. Fuerteventuras Landschaften zierten lange vor Beginn des All-in-Tourismus internationale Museum und Galerien, wie das New Orleans Museum of Art, das Sprengel Museum Hannover, das Fotografie-Museum Stockholm oder die Berliner Galerie Kicken, um nur einige zu nennen.

Vieles hat sich inzwischen verändert, nur die Perlenkette ist immer noch so, wie sie immer war. Den schönsten Blick hat man unten vom Stausee in Vega, dem Mirador de Fénduca oder der Degollada de Granadillos auf diese fotogene Straße. Von Weitem erinnert dieser Anblick an eine strahlende Perlenkette. Natürlich wird sie gepflegt und regelmäßig von einem Bediensteten der Inselverwaltung andächtig wieder weiß angestrichen. Von verschiedenen Seiten betrachtet, gibt es immer wieder neue imposante Eindrücke zu entdecken.

Niemals auf der Strecke anhalten, sondern einen geeigneten Parkplatz oder eine Aussichtsplattform suchen. Bei Starkregen wird die Straße wegen der Gefahr von Steinschlägen gesperrt. Aber das passiert ja auf Fuerteventura äußerst selten.

Adresse FV 30/Mirador de Fénduca, 35637 Vega de Río Palmas | Anfahrt Ab dem Ortsausgang und der Abzweigung zum Stausee vier Kilometer weiter den Berg hochfahren. Dann ist es der zweite Aussichtspunkt. | Tipp Von dem ersten Aussichtspunkt, dem »Mirador las Peñitas«, aus ist die Schlucht mit dem Stausee am besten zu überblicken. Gefahrlos kann man hier parken und rasten.

109 Die kleinste Kirche

Die aufregende Reise der Jungfrau aus der Schlucht

Wenn man den Stausee links liegen gelassen hat und die steile Treppe in diese gigantische Schlucht hinabsteigt, leuchtet einem ein kleines, weißes, buckliges Gebäude entgegen. Den mündlichen Überlieferungen zufolge erschien einem Mönch wohl in den ersten Jahrzehnten des 15. Jahrhunderts ein seltsames Licht in dieser Schlucht, in der er nach Kräutern suchte. Mit Hilfe von Hirten wurde der Fels eingeschlagen, und man fand ein weißes Bild mit der Darstellung einer Madonna mit Kind. Man nannte sie die Heilige Jungfrau der Schlucht (»Virgen de la Peña«) und baute ihr Ende des 15. Jahrhunderts nicht nur ein Gotteshaus an dieser Stelle, sondern gab auch eine nur 21 Zentimeter große Figur aus Alabaster in Auftrag. Die geringe Größe, so heißt es, sei den Umständen des Transportes geschuldet gewesen. So konnte sie sicher in einer Holzkiste verpackt, den weiten Landtransport und den Seeweg schadlos überstehen. So die Vermutungen der Wissenschaftler.

Schriftlich überliefert ist jedenfalls, dass während des Piratenüberfalls im Jahre 1593, als der Anführer Arráez Xabán die Stadt Betancuria komplett niederbrannte, die Einwohner die Madonnenfigur schnell in einer Höhle in der Nähe der Kapelle in der Schlucht versteckten. Dabei könnte es passiert sein, dass der Kopf des Jesuskindes und eines seiner Füße beschädigt wurden. Das ist verbrieft in dem Inventarverzeichnis der Kapelle vom 22. November 1600.

Hier wurde die Madonna beherbergt und erst zum Ende des 18. Jahrhunderts in die große Kirche am Hauptplatz von Vega de Río Palmas umgezogen. Für alle Besucher dieser besonderen Heiligenfigur mit der aufregenden Geschichte war und ist es angenehmer, sie hier im Ort zu besuchen, als den gefährlichen Weg hinunter in die Schlucht zu beschreiten. Denn nicht umsonst heißt diese kleine Kapelle »Ermita del Malpaso« – die Einsiedelei des schlechten Zugangs.

Adresse La Peña del Malpaso, 35637 Vega de Río Palmas | Anfahrt In Vega der Straße zum Stausee folgen. Vom Parkplatz den Wanderweg, am Stausee vorbei, rechts an der Staumauer die Treppe hinunter bis zur kleinen weißen Kapelle. | Tipp Den Weg oben an der Kapelle weiter geradeaus nehmend, kommt man in das Tal des Buen Paso und in weiterer Folge in den Barranco des Ortes Ajuy. Eine exzellente Wanderung.

110__Der Stausee

Verkalkuliert, versandet und vergessen

Es gibt wohl kaum einen Inselbesucher, der nicht einmal an ihm vorbeigeschlendert ist, auf dem Weg in die Schlucht, um die kleine, entzückende Felskapelle zu besuchen. Aber wo bitte ist der See, der hier gestaut werden sollte? Der Verdacht liegt nahe, das Staubecken sei versandet.

Wer einmal einen seltenen Starkregen auf Fuerteventura erlebt hat, der weiß, wie viel Schlamm und Geröll in den bisher ausgetrockneten Flussbetten mitgeführt werden. Tatsächlich gab es bereits gegen Ende des 19. Jahrhunderts zwei Staudämme auf der Insel, denn man musste das kostbare Nass für längere Zeit halten, um die steigende Nachfrage der Landwirtschaft zu befriedigen. Die Regenfälle blieben immer häufiger aus, die Tiefbrunnen waren erschöpft, und die Bevölkerung war rasant gewachsen. Ein Damm wurde im Barranco de Herradura nördlich der Hauptstadt gebaut, hielt aber den Wassermassen nicht lange stand und zerbrach. Der zweite zaghafte Versuch wurde hier oben am Eingang der Schlucht gemacht. Aus einer Meldung der Regierung aus dem Jahre 1925 geht hervor, dass auch diese Staumauer in Trümmern liegt.

Und auf diesen Trümmern wurde im Jahre 1937 ein neuer Plan entworfen, diesmal sollte die Mauer 30 Meter über den Grund der Schlucht hinausragen. Leider wurde es ein Pannenprojekt. Man baute, bevor die eigentliche Planung abgeschlossen war, improvisierte und hatte außerdem nicht genug Geld beisammen. So wurden es nur 21,5 Meter Höhe. Später kam es noch ärger für die Anrainer, denn zwei Großgrundbesitzer kauften für eine Pesete pro Kubikmeter das Wasser auf und bauten sich private Leitungen.

Imposant ist sie trotzdem, die Mauer! Errichtet aus Steinen, die aus dem Felsen nebenan gehauen wurden. Eine Seilvorrichtung zum Platzieren der schweren Brocken ist heute noch zu sehen. Vor allem eine beeindruckende menschliche Leistung, leider auch vieler Zwangsarbeiter.

Adresse Embalse de Las Peñitas, 35637 Vega de Río Palmas | Anfahrt in Vega am Ortsausgang, bevor es den Berg hochgeht, von der Hauptstraße rechts hinunter bis zum Eingang des Wanderweges, parken, von da ab zu Fuß weitergehen | Tipp Die große Kirche in Vega beherbergt die Figur der Heiligen Jungfrau, geöffnet täglich 10–13 und 13.45–15.35 Uhr.

111 Die Flechten

Hier geht's dem Vulkangestein an die Substanz

In diesem Lavafeld rund um den jüngsten Vulkan, welcher vor weniger als 10.000 Jahren seine Lava ausgespuckt hat, wird fleißig an der Zersetzung gearbeitet. Auf der einen Seite eine große, nun stillgelegte Abraumhalde, auf der es dem Vulkangebäude mit schweren Maschinen an den Kragen ging. An anderen Stellen wird langsamer und friedlicher gearbeitet. Das ganze Lavafeld ist übersät mit Flechten aller Art. Aber hier wird auf natürliche Weise Zersetzungsarbeit geleistet.

Damit aus der Lava ein nutzbarer Boden wird, bedarf es vieler Helfer: Sonne, Regen, Wind und Mikroorganismen. Immer dort, wo es scheinbar besonders lebensfeindlich ist, sind erst einmal Flechten am Werk. Es sind Partnerschaften aus Pilzen und Bakterien oder Algen. Sie entnehmen den Basaltbrocken Mineralien und verstoffwechseln sie zu einer Pflanzensäure, die wiederum das Gestein angreift und auflöst. Langsam, aber sicher wird das Gestein zersetzt.

Ein ungeheuer spannender und noch längst nicht richtig erforschter Vorgang, dem wir hier auf Fuerteventura die besonders fruchtbaren, weil sehr mineralhaltigen Böden im Landesinneren zu verdanken haben. Allerdings arbeiten die Flechten sehr, sehr langsam. Da gehen schon einige Jahrmillionen ins Land. Im gesamten Areal um den Vulkan treffen wir auf mindestens 25 verschiedene Flechtenarten. In Farbe, Form und Wuchs sind einige sehr unterschiedlich, andere wiederum kaum voneinander zu unterscheiden.

Da alle Flechten für ihre Arbeit Feuchtigkeit benötigen, stellen sie einfach während der Trockenperioden ihre Arbeit ein und warten Niederschläge ab. Und dann beginnen besonders hier im Naturpark des »Malpaís de la Arena« die Steine zu blühen, wie die Bewohner sagen. Der ganze Naturpark ist von einem grünlich-blauen Teppich bedeckt. Von dem kleinen Wanderweg, der um den Vulkan herumführt, kann man sich zusätzlich einen guten Überblick verschaffen.

Adresse Camino de los Altos, 35640 Villaverde | **Anfahrt** In Villaverde zwischen Fußballstadion und dem Hügel mit Windmühlen in den Calle de los Altos einbiegen, bis fast zum Ende fahren. Rechts an einer Weggabelung parken und zu Fuß geradeaus weiter bis zu einem Rastplatz, von dort rechts auf den Wanderweg ins Lavafeld. | **Tipp** Geht man gleich links an der Weggabelung, gelangt man in eine alte Mine, in der Vulkangestein (Picón) abgebaut wurde. Sie ist stillgelegt, sollte aber nicht betreten werden.

1
2
3
4
Corralejo
El Cotillo
Lajares
La Oliva
Tindaya
PUERTO DEL ROSARIO
Fuerteventura
Antigua
Pájara
La Pared
Gran Tarajal
La Lajita
Costa Calma
Morro Jable
N
0
5 km

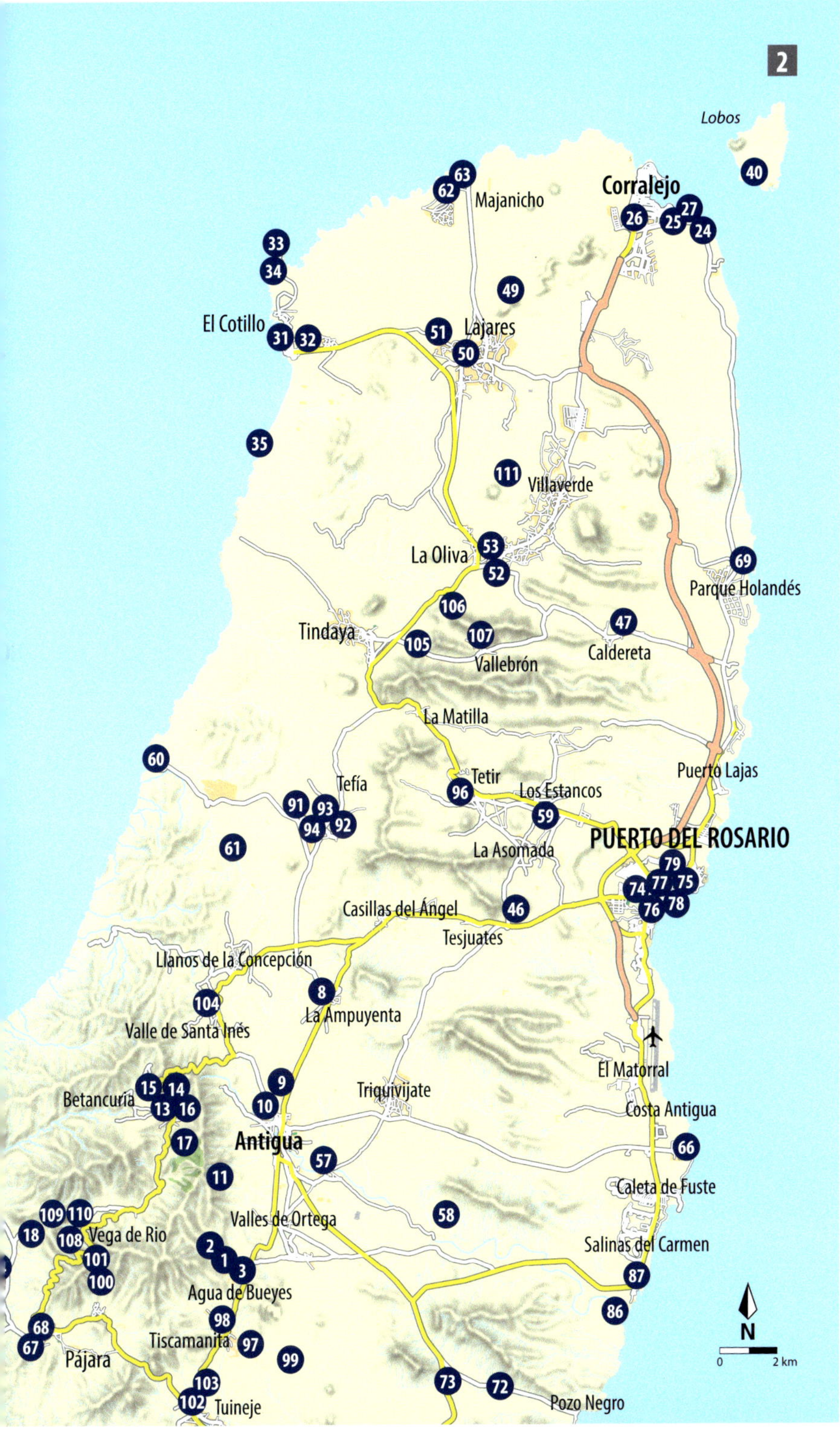

2
Lobos
Corralejo
Majanicho
El Cotillo
Lajares
Villaverde
La Oliva
Parque Holandés
Tindaya
Vallebrón
Caldereta
La Matilla
Tefía
Tetir
Los Estancos
Puerto Lajas
PUERTO DEL ROSARIO
La Asomada
Casillas del Ángel
Tesjuates
Llanos de la Concepción
La Ampuyenta
Valle de Santa Inés
El Matorral
Betancuría
Triquivijate
Costa Antigua
Antigua
Caleta de Fuste
Valles de Ortega
Vega de Rio
Salinas del Carmen
Agua de Bueyes
Tiscamanita
Pájara
Tuineje
Pozo Negro
N
0
2 km

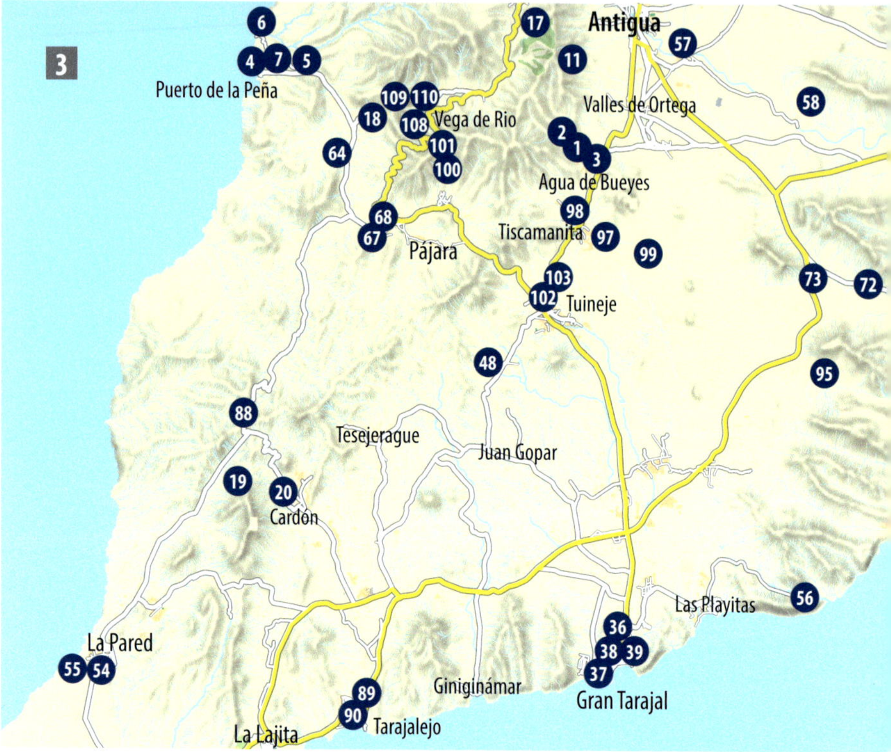
3
Antigua
Puerto de la Peña
Vega de Rio
Valles de Ortega
Agua de Bueyes
Tiscamanita
Pájara
Tuineje
Tesejerague
Juan Gopar
Cardón
Las Playitas
La Pared
Giniginámar
Gran Tarajal
Tarajalejo
La Lajita

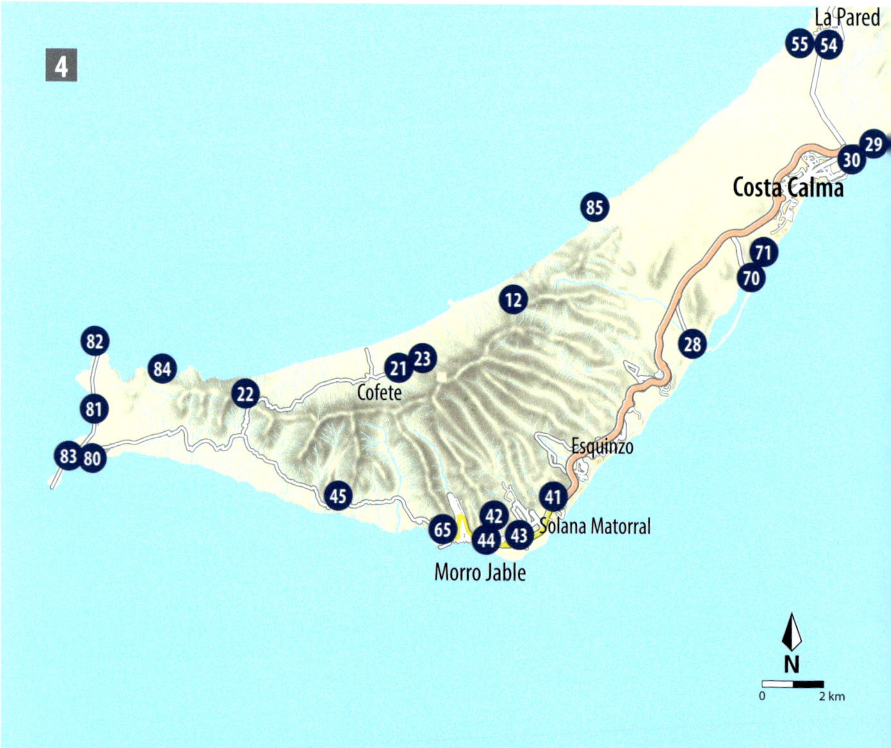
4
La Pared
Costa Calma
Cofete
Esquinzo
Solana Matorral
Morro Jable
N
0
2 km

Carl Lang
111 Orte auf Lanzarote, die man gesehen haben muss
ISBN 978-3-7408-0836-5

Sibylle von Kapff,
Gerhard von Kapff
111 Orte auf Teneriffa, die man gesehen haben muss
ISBN 978-3-95451-916-3

Kirsten Lux, Lisa Graf-Riemann
111 Orte auf La Palma, die man gesehen haben muss
ISBN 978-3-7408-0345-2

Rolando Suárez
111 Orte auf Gran Canaria, die man gesehen haben muss
ISBN 978-3-7408-0436-7

Rolando N. Grumt Suárez
111 Orte auf El Hierro, die man gesehen haben muss
ISBN 978-3-7408-0846-4

Andreas Drouve
111 Orte am Jakobsweg, die man gesehen haben muss
ISBN 978-3-7408-1092-4

Rüdiger Liedtke
111 Orte auf Mallorca, die man gesehen haben muss
ISBN 978-3-7408-1532-5

Rolando Grumt Suárez
111 Orte in Barcelona, die man gesehen haben muss
ISBN 978-3-7408-0994-2

Robert Zsolnay
111 Orte auf Ibiza und Formentera, die man gesehen haben muss
ISBN 978-3-7408-1979-8

Catrin Ponciano
111 Orte in Porto, die man gesehen haben muss
ISBN 978-3-7408-1978-1

Catrin Ponciano
111 Orte an der Algarve, die man gesehen haben muss
ISBN 978-3-7408-1837-1

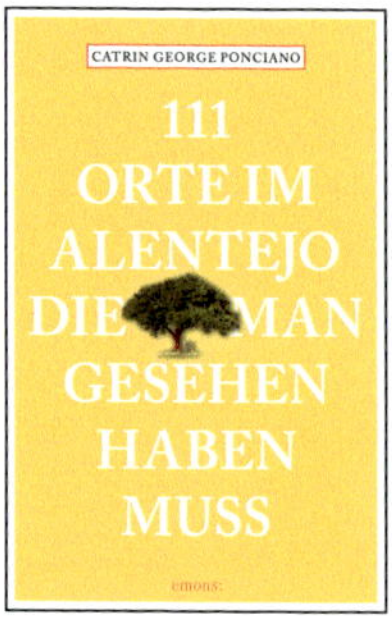

Catrin Ponciano
111 Orte im Alentejo, die man gesehen haben muss
ISBN 978-3-7408-1067-2

Kathleen Becker
111 Orte in Lissabon, die man gesehen haben muss
ISBN 978-3-7408-0244-8

Fabrizio Ardito
111 Orte auf Malta, die man gesehen haben muss
ISBN 978-3-7408-0356-8

Ralf Nestmeyer
111 Orte an der Côte d'Azur, die man gesehen haben muss
ISBN 978-3-7408-2020-6

Ralf Nestmeyer
111 Orte in der Provence, die man gesehen haben muss
ISBN 978-3-7408-1960-6

Marcus X. Schmid
111 Orte in der Bretagne, die man gesehen haben muss
ISBN 978-3-7408-1880-7

Marcus X. Schmid
111 Orte im Herzen des Jura, die man gesehen haben muss
ISBN 978-3-7408-1364-2

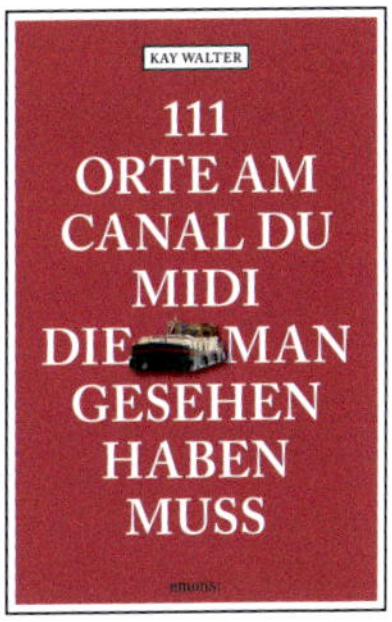

Kay Walter
111 Orte am Canal du Midi, die man gesehen haben muss
ISBN 978-3-7408-1086-3

Hilke Maunder
111 Orte in Toulouse, die man gesehen haben muss
ISBN 978-3-7408-1091-7

Martin Roos,
Jean-Claude Bourgueil
111 Orte in der Champagne, die man gesehen haben muss
ISBN 978-3-7408-1084-9

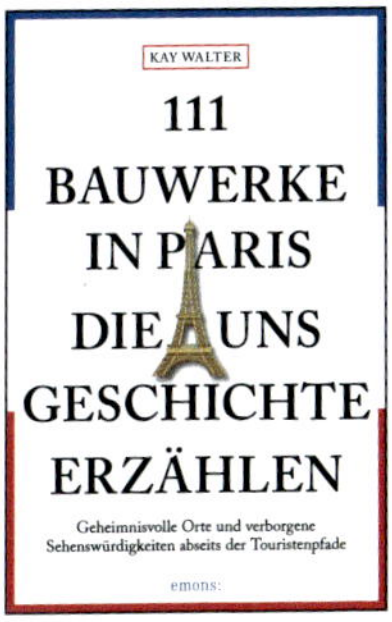

Kay Walter
111 Bauwerke in Paris, die uns Geschichte erzählen
ISBN 978-3-7408-0691-0

Jo Berlien
111 Orte in Straßburg, die man gesehen haben muss
ISBN 978-3-7408-0576-0

Evelyn Pschak
111 Orte in den Pyrenäen, die man gesehen haben muss
ISBN 978-3-7408-0562-3

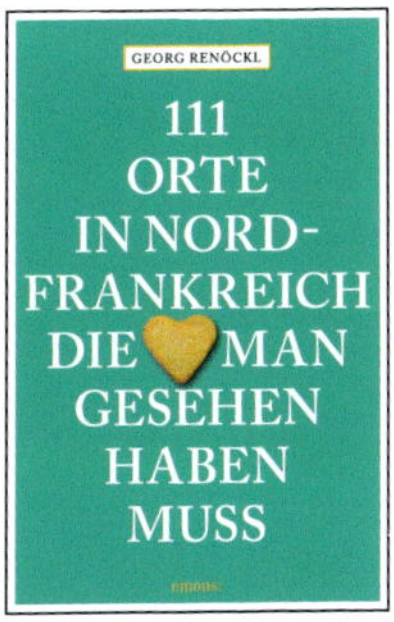

Georg Renöckl
111 Orte in Nordfrankreich, die man gesehen haben muss
ISBN 978-3-7408-0559-3

Sybil Canac, Renée Grimaud, Katia Thomas
111 Orte in Paris, die man gesehen haben muss
ISBN 978-3-95451-847-0

Ralf Nestmeyer
111 Orte in der Normandie, die man gesehen haben muss
ISBN 978-3-95451-839-5

Giulia Castelli Gattinara
111 Orte in den Dolomiten, die man gesehen haben muss
ISBN 978-3-7408-1972-9

Gianni Montieri, Anna Toscano
111 Orte in Venedig, die man gesehen haben muss
ISBN 978-3-7408-1986-6

Federico Meloni, Jana Meloni
111 Orte auf Sardinien, die man gesehen haben muss
ISBN 978-3-7408-1997-2

Ulrich Kohlmann
111 Weinorte in der Toskana, die man gesehen haben muss
ISBN 978-3-7408-1741-1

Beate C. Kirchner
111 Orte in Florenz und im Norden der Toskana, die man gesehen haben muss
ISBN 978-3-7408-1630-8

Annett Klingner
111 Orte in Rom, die man gesehen haben muss
ISBN 978-3-7408-1628-5

Beate Giacovelli
111 Orte am Comer See, die man gesehen haben muss
ISBN 978-3-7408-1201-0

Max Fleschhut
111 Orte auf Elba, die man gesehen haben muss
ISBN 978-3-7408-0587-6

Petra Sophia Zimmermann
111 Orte am Gardasee und in Verona, die man gesehen haben muss
ISBN 978-3-95451-344-4

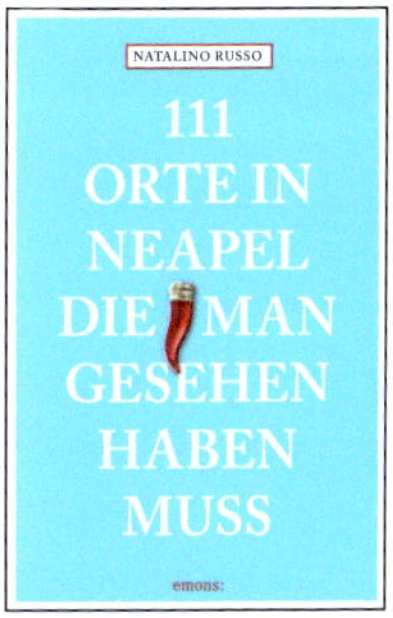

Natalino Russo
111 Orte in Neapel, die man gesehen haben muss
ISBN 978-3-7408-0478-7

Franz Hlavac, Gisela Hopfmüller
111 Orte in Friaul und Julisch Venetien, die man gesehen haben muss
ISBN 978-3-7408-0575-3

Alessandro Martini, Maurizio Francesconi
111 Orte in Langhe, Roero und Monferrato, die man gesehen haben muss
ISBN 978-3-7408-0474-9

Fabrizio Ardito
111 Orte in Umbrien, die man gesehen haben muss
ISBN 978-3-7408-0238-7

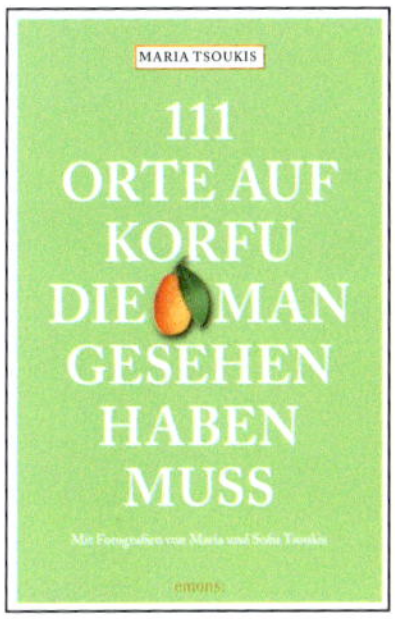

Maria Tsoukis
111 Orte auf Korfu, die man gesehen haben muss
ISBN 978-3-7408-1065-8

Alexia Amvrazi, Diana Farr Louis, Diane Shugart
111 Orte in Athen, die man gesehen haben muss
ISBN 978-3-7408-0560-9

Cornelia Ziegler
111 Orte auf Kreta, die man gesehen haben muss
ISBN 978-3-95451-540-0

Ranka Keser
111 Orte in Kroatien, die man gesehen haben muss
ISBN 978-3-7408-0557-9

Veronika Wengert
111 Orte in Slowenien, die man gesehen haben muss
ISBN 978-3-7408-1083-2

Ein herzlicher Dank an Heike Bludau Germeshausen

Sabine Kiesewein, Jahrgang 1958, ist Autorin von Wander- und Naturführern und Herausgeberin des dreisprachigen Inselmagazins »EL FOCO«, das einen anderen Blick auf Fuerteventura wirft.

Carl Lang, Jahrgang 1949, studierte Kunst und Design. Ab 1982 bereiste er als Fotograf und Journalist für Extremsport die halbe Welt. Er kam 1976 zum ersten Mal nach Fuerteventura und blieb dann ab 2010 endgültig.